세움

마태복음을 쓴다

개역개정

세움 마태복음을 쓴다

내 안에 주님을 세우는 시간

아가페

이렇게 사용하세요

제목에 쓰인 '세움'은 우리 안에 하나님을 세우고, 교회와 가정, 개인의 신앙을 바로세운다는 의미입니다.
기독교 신앙의 근본인 성경을 차분히 쓰면서 마음에 새기는 시간은, 하나님과 교제하는
뜻깊은 경험이 될 것입니다.

1 조용히 말씀에 집중할 수 있는 장소를 선택합니다.

2 먼저 눈으로 읽은 후, 소리 내어 한 번 더 읽습니다.

3 읽은 말씀을 기억하며 써 내려갑니다.

4 이해하기 어려운 단어나 문장은 가지고 있는 『아가페 쉬운성경』으로 한 번 더 읽으면 도움이 됩니다. 포스트잇이나 메모지에 그 뜻을 적어 붙여두면 더 애정이 가는 나만의 쓰기성경이 됩니다.

5 각 장 시작 부분에 있는 장별 요약을 읽고 시작하세요.

6 말씀을 쓰고 난 후 '마태복음으로 드리는 기도'로 마무리하세요.

7 본문 말씀을 자신에게 적용하면서 '말씀 적용하기'에 기록해 보세요. 미니 일기장이 됩니다.

마태복음을 쓰기 전 알아두기

누가 지었나? 사도 마태.

언제 썼나? AD 60-70년.

왜 썼나? 예수님이 승천하신 후 초대 교회가 예루살렘을 중심으로 시작되었고, 본서가 기록될 당시에는 유대교와 기독교가 분명하게 구분되었습니다. 유대인 가운데 회심자가 많았으나, 여전히 율법과 복음 사이에서 갈등하는 경우가 많아, 기독교가 온전한 구약 예언의 성취임을 확신시키고, 유대교와 기독교 사이에서 갈등하는 유대인들에게 확신을 주어, 예수 그리스도가 구약에 예언된 바로 그 메시아임을 강조함으로써 거리낌 없이 기독교에 입문하는 것을 돕기 위해 기록되었습니다.

무엇을 썼나? 예수 그리스도가 구약에 예언된 참 메시아이자 다윗의 후손인 왕이심을 드러냅니다. 이를 위해 예수 그리스도의 족보부터 시작해 탄생, 가르침, 이적을 행하심, 수난, 죽으심, 부활 등의 내용을 상세히 기록합니다. 모든 초점은 예수님이 유대인의 참 왕이시며 약속된 메시아이심을 드러내는 것에 있습니다.

특징은?

1. 구약을 많이 인용

유대인을 향한 복음서임을 드러냅니다.

2. 다른 복음서가 '하나님나라'라는 단어를 사용한 데 반해 본서는 '천국'이라는 단어를 사용

유대인이 천국이라는 단어에 훨씬 익숙했기 때문입니다.

3. 율법의 완성에 대한 강조

유대인의 복음과 그리스도에 대한 잘못된 견해를 바로잡고, 산상수훈을 통해 율법에 대한 예수님의 본질적인 해석을 소개함으로써, 유대교와 기독교의 자연스러운 연결을 시도했습니다.

제1장

예수님의 족보로, 아브라함부터 예수님까지의 역사를
14대씩 세 부분으로 나누어 기록합니다.

예수 그리스도의 계보

1 아브라함과 다윗의 자손 예수 그리스도의 계보라

2 아브라함이 이삭을 낳고 이삭은 야곱을 낳고 야곱은 유다와 그의 형제
들을 낳고

3 유다는 다말에게서 베레스와 세라를 낳고 베레스는 헤스론을 낳고 헤스
론은 람을 낳고

4 람은 아미나답을 낳고 아미나답은 나손을 낳고 나손은 살몬을 낳고

5 살몬은 라합에게서 보아스를 낳고 보아스는 룻에게서 오벳을 낳고 오벳
은 이새를 낳고

6 이새는 다윗 왕을 낳으니라 다윗은 우리야의 아내에게서 솔로몬을 낳고

7 솔로몬은 르호보암을 낳고 르호보암은 아비야를 낳고 아비야는 아사를
낳고

8 아사는 여호사밧을 낳고 여호사밧은 요람을 낳고 요람은 웃시야를 낳고

9 웃시야는 요담을 낳고 요담은 아하스를 낳고 아하스는 히스기야를 낳고

10 히스기야는 므낫세를 낳고 므낫세는 아몬을 낳고 아몬은 요시야를 낳고

DATE . . .

예수 그리스도의 계보

1

2

3

4

5

6

7

8

9

10

11 바벨론으로 사로잡혀 갈 때에 요시야는 여고냐와 그의 형제들을 낳으
니라
12 바벨론으로 사로잡혀 간 후에 여고냐는 스알디엘을 낳고 스알디엘은 스
룹바벨을 낳고
13 스룹바벨은 아비훗을 낳고 아비훗은 엘리아김을 낳고 엘리아김은 아소
르를 낳고
14 아소르는 사독을 낳고 사독은 아킴을 낳고 아킴은 엘리웃을 낳고
15 엘리웃은 엘르아살을 낳고 엘르아살은 맛단을 낳고 맛단은 야곱을 낳고
16 야곱은 마리아의 남편 요셉을 낳았으니 마리아에게서 그리스도라 칭하
는 예수가 나시니라
17 그런즉 모든 대 수가 아브라함부터 다윗까지 열네 대요 다윗부터 바벨론
으로 사로잡혀 갈 때까지 열네 대요 바벨론으로 사로잡혀 간 후부터 그
리스도까지 열네 대더라

예수 그리스도의 나심

18 예수 그리스도의 나심은 이러하니라 그의 어머니 마리아가 요셉과 약혼
하고 동거하기 전에 성령으로 잉태된 것이 나타났더니
19 그의 남편 요셉은 의로운 사람이라 그를 드러내지 아니하고 가만히 끊고
자 하여

DATE . . .

11

12

13

14

15

16

17

예수 그리스도의 나심

18

19

20 이 일을 생각할 때에 주의 사자가 현몽하여 이르되 다윗의 자손 요셉아
네 아내 마리아 데려오기를 무서워하지 말라 그에게 잉태된 자는 성령으
로 된 것이라
21 아들을 낳으리니 이름을 예수라 하라 이는 그가 자기 백성을 그들의 죄
에서 구원할 자이심이라 하니라
22 이 모든 일이 된 것은 주께서 선지자로 하신 말씀을 이루려 하심이니 이르
시되
23 [ㄱ]보라 처녀가 잉태하여 아들을 낳을 것이요 그의 이름은 임마누엘이라
하리라 하셨으니 이를 번역한즉 하나님이 우리와 함께 계시다 함이라
24 요셉이 잠에서 깨어 일어나 주의 사자의 분부대로 행하여 그의 아내를 데
려왔으나
25 아들을 낳기까지 동침하지 아니하더니 낳으매 이름을 예수라 하니라

마태복음으로 드리는 기도 인간의 왕으로 오신 예수님을 온전히 섬기기 원합니다.
주님의 통치를 온전히 받아, 날마다 죄에서 진정한 회복을 이루는
신앙생활이 되게 하소서.

ㄱ 사 7:14

DATE . . .

20

21

22

23

24

25

말씀 적용하기

제2장

동방박사들의 경배, 헤롯 왕의 살해 음모, 애굽으로 피신 후 이스라엘로 귀향 등
그리스도의 탄생 직후에 일어난 사건을 기록합니다.

동방으로부터 박사들이 경배하러 오다

1 헤롯 왕 때에 예수께서 유대 베들레헴에서 나시매 동방으로부터 [1]박
사들이 예루살렘에 이르러 말하되
2 유대인의 왕으로 나신 이가 어디 계시냐 우리가 동방에서 그의 별을
보고 그에게 경배하러 왔노라 하니
3 헤롯 왕과 온 예루살렘이 듣고 소동한지라
4 왕이 모든 대제사장과 백성의 서기관들을 모아 그리스도가 어디서
나겠느냐 물으니
5 이르되 유대 베들레헴이오니 이는 선지자로 이렇게 기록된 바
6 [ㄱ]또 유대 땅 베들레헴아 너는 유대 [2]고을 중에서 가장 작지 아니하
도다 네게서 한 다스리는 자가 나와서 내 백성 이스라엘의 목자가 되
리라 하였음이니이다
7 이에 헤롯이 가만히 박사들을 불러 별이 나타난 때를 자세히 묻고

---

1 점성가들이
2 헬, 두령 중에
ㄱ 미 5:2

DATE . . .

동방으로부터 박사들이 경배하러 오다

1

2

3

4

5

6

7

12 / 13

8 베들레헴으로 보내며 이르되 가서 아기에 대하여 자세히 알아보고
찾거든 내게 고하여 나도 가서 그에게 경배하게 하라
9 박사들이 왕의 말을 듣고 갈새 동방에서 보던 그 별이 문득 앞서 인
도하여 가다가 아기 있는 곳 위에 머물러 서 있는지라
10 그들이 별을 보고 매우 크게 기뻐하고 기뻐하더라
11 집에 들어가 아기와 그의 어머니 마리아가 함께 있는 것을 보고 엎드
려 아기께 경배하고 보배합을 열어 황금과 유향과 몰약을 예물로 드
리니라
12 그들은 꿈에 헤롯에게로 돌아가지 말라 지시하심을 받아 다른 길로
고국에 돌아가니라

애굽으로 피하다

13 그들이 떠난 후에 주의 사자가 요셉에게 현몽하여 이르되 헤롯이 아
기를 찾아 죽이려 하니 일어나 아기와 그의 어머니를 데리고 애굽으
로 피하여 내가 네게 이르기까지 거기 있으라 하시니
14 요셉이 일어나서 밤에 아기와 그의 어머니를 데리고 애굽으로 떠나가
15 헤롯이 죽기까지 거기 있었으니 이는 주께서 선지자를 통하여 말씀하
신 바 [ㄱ]애굽으로부터 내 아들을 불렀다 함을 이루려 하심이라

ㄱ 호 11:1

8

9

10

11

12

애교으로 피하다

13

14

15

16 이에 헤롯이 박사들에게 속은 줄 알고 심히 노하여 사람을 보내어 베
들레헴과 그 모든 지경 안에 있는 사내아이를 박사들에게 자세히 알
아본 그 때를 기준하여 두 살부터 그 아래로 다 죽이니
17 이에 선지자 예레미야를 통하여 말씀하신 바
18 [ㄱ] 라마에서 슬퍼하며 크게 통곡하는 소리가 들리니 라헬이 그 자식을
위하여 애곡하는 것이라 그가 자식이 없으므로 위로 받기를 거절하였
도다 함이 이루어졌느니라

애굽에서 이스라엘 땅으로

19 헤롯이 죽은 후에 주의 사자가 애굽에서 요셉에게 현몽하여 이르되
20 일어나 아기와 그의 어머니를 데리고 이스라엘 땅으로 가라 아기의
목숨을 찾던 자들이 죽었느니라 하시니
21 요셉이 일어나 아기와 그의 어머니를 데리고 이스라엘 땅으로 들어가
니라
22 그러나 아켈라오가 그의 아버지 헤롯을 이어 유대의 임금 됨을 듣고
거기로 가기를 무서워하더니 꿈에 지시하심을 받아 갈릴리 지방으로
떠나가

ㄱ 렘 31:15

DATE . . .

16

17

18

애굽에서 이스라엘 땅으로

19

20

21

22

23 나사렛이란 동네에 가서 사니 이는 선지자로 하신 말씀에 ㄱ나사렛 사
람이라 칭하리라 하심을 이루려 함이러라

마태복음으로 드리는 기도 태어나신 순간부터 죽음의 위협을 받으신 예수님을 봅니다.
험난한 생애였지만 결국 우리를 구원하신 예수님의 능력이,
오늘 초라한 제 삶도 구원으로 인도하실 줄 믿습니다.

ㄱ 사 11:1

DATE . . .

23

말씀 적용하기

제3장

세례 요한의 전도 사역을 기록합니다.
예수님은 세례 요한에게 세례를 받으십니다.

세례 요한이 천국을 전파하다

1 그 때에 [1]세례 요한이 이르러 유대 광야에서 전파하여 말하되

2 회개하라 천국이 가까이 왔느니라 하였으니

3 그는 선지자 이사야를 통하여 말씀하신 자라 일렀으되 [ㄱ]광야에 외치는
자의 소리가 있어 이르되 너희는 주의 길을 준비하라 그가 오실 길을 곧
게 하라 하였느니라

4 이 요한은 낙타털 옷을 입고 허리에 가죽 띠를 띠고 음식은 메뚜기와 석
청이었더라

5 이 때에 예루살렘과 온 유대와 요단 강 사방에서 다 그에게 나아와

6 자기들의 죄를 자복하고 요단 강에서 그에게 [1]세례를 받더니

7 요한이 많은 바리새인들과 사두개인들이 [1]세례 베푸는 데로 오는 것을
보고 이르되 독사의 자식들아 누가 너희를 가르쳐 임박한 진노를 피하라
하더냐

8 그러므로 회개에 합당한 열매를 맺고

---

1 헬, 또는 침례

ㄱ 사 40:3

DATE . . .

세례 요한이 천국을 전파하다

1

2

3

4

5

6

7

8

9 속으로 아브라함이 우리 조상이라고 생각하지 말라 내가 너희에게 이르
노니 하나님이 능히 이 돌들로도 아브라함의 자손이 되게 하시리라
10 이미 도끼가 나무 뿌리에 놓였으니 좋은 열매를 맺지 아니하는 나무마다
찍혀 불에 던져지리라
11 나는 너희로 회개하게 하기 위하여 물로 [1]세례를 베풀거니와 내 뒤에 오
시는 이는 나보다 능력이 많으시니 나는 그의 신을 들기도 감당하지 못하
겠노라 그는 성령과 불로 너희에게 [1]세례를 베푸실 것이요
12 손에 키를 들고 자기의 타작 마당을 정하게 하사 알곡은 모아 곳간에 들
이고 쭉정이는 꺼지지 않는 불에 태우시리라

세례를 받으시다

13 이 때에 예수께서 갈릴리로부터 요단 강에 이르러 요한에게 [1]세례를 받
으려 하시니
14 요한이 말려 이르되 내가 당신에게서 [1]세례를 받아야 할 터인데 당신이 내
게로 오시나이까
15 예수께서 대답하여 이르시되 이제 허락하라 우리가 이와 같이 하여 모든
의를 이루는 것이 합당하니라 하시니 이에 요한이 허락하는지라
16 예수께서 [1]세례를 받으시고 곧 물에서 올라오실새 하늘이 [2]열리고 하나
님의 성령이 비둘기 같이 내려 자기 위에 임하심을 보시더니

---

1 헬, 또는 침례

2 어떤 사본에, 자기에게 열리고

9

10

11

12

세례를 받으시다

13

14

15

16

17 하늘로부터 소리가 있어 말씀하시되 이는 내 사랑하는 아들이요 내 기뻐
하는 자라 하시니라

마태복음으로 드리는 기도 예수님이 우리 인간처럼 낮아지시고
우리 죄를 짊어져 구원해 주시니 감사합니다.
우리도 예수님처럼 낮아지고 이웃을 섬기는 종이 되게 하소서.

DATE . . .

17

말씀 적용하기

제4장

예수님은 40일간 금식하신 후 마귀에게 시험을 받으십니다.
마귀는 세 번이나 예수님을 시험했지만,
예수님은 말씀으로 승리하십니다.

시험을 받으시다

1 그 때에 예수께서 성령에게 이끌리어 마귀에게 시험을 받으러 광야로 가사
2 사십 일을 밤낮으로 금식하신 후에 주리신지라
3 시험하는 자가 예수께 나아와서 이르되 네가 만일 하나님의 아들이어든
명하여 이 돌들로 떡덩이가 되게 하라
4 예수께서 대답하여 이르시되 기록되었으되 [ㄱ]사람이 떡으로만 살 것이 아
니요 하나님의 입으로부터 나오는 모든 말씀으로 살 것이라 하였느니라
하시니
5 이에 마귀가 예수를 거룩한 성으로 데려다가 성전 꼭대기에 세우고
6 이르되 네가 만일 하나님의 아들이어든 뛰어내리라 기록되었으되 [ㄴ]그가
너를 위하여 그의 사자들을 명하시리니 그들이 손으로 너를 받들어 발이
돌에 부딪치지 않게 하리로다 하였느니라
7 예수께서 이르시되 또 기록되었으되 [ㄷ]주 너의 하나님을 시험하지 말라
하였느니라 하시니

ㄱ 신 8:3
ㄴ 시 91:11,12
ㄷ 신 6:16

DATE . . .

시험을 받으시다

1

2

3

4

5

6

7

8 마귀가 또 그를 데리고 지극히 높은 산으로 가서 천하 만국과 그 영광을
보여
9 이르되 만일 내게 엎드려 경배하면 이 모든 것을 네게 주리라
10 이에 예수께서 말씀하시되 사탄아 물러가라 기록되었으되 [ㄱ]주 너의 하나
님께 경배하고 다만 그를 섬기라 하였느니라
11 이에 마귀는 예수를 떠나고 천사들이 나아와서 수종드니라

비로소 천국을 전파하시다

12 예수께서 요한이 잡혔음을 들으시고 갈릴리로 물러가셨다가
13 나사렛을 떠나 스불론과 납달리 지경 해변에 있는 가버나움에 가서 사시니
14 이는 선지자 이사야를 통하여 하신 말씀을 이루려 하심이라 일렀으되
15 [ㄴ]스불론 땅과 납달리 땅과 요단 강 저편 해변 길과 이방의 갈릴리여
16 흑암에 앉은 백성이 큰 빛을 보았고 사망의 땅과 그늘에 앉은 자들에게
빛이 비치었도다 하였느니라
17 이 때부터 예수께서 비로소 전파하여 이르시되 회개하라 천국이 가까이
왔느니라 하시더라

어부들을 부르시다

18 갈릴리 해변에 다니시다가 두 형제 곧 베드로라 하는 시몬과 그의 형제
안드레가 바다에 그물 던지는 것을 보시니 그들은 어부라

ㄱ 신 6:13
ㄴ 사 9:1,2

8

9

10

11

비로소 천국을 전파하시다

12

13

14

15

16

17

어부들을 부르시다

18

19 말씀하시되 나를 따라오라 내가 너희를 사람을 낚는 어부가 되게 하리라
하시니
20 그들이 곧 그물을 버려 두고 예수를 따르니라
21 거기서 더 가시다가 다른 두 형제 곧 세베대의 아들 야고보와 그의 형제 요
한이 그의 아버지 세베대와 함께 배에서 그물 깁는 것을 보시고 부르시니
22 그들이 곧 배와 아버지를 버려 두고 예수를 따르니라

가르치시며 전파하시며 고치시다

23 예수께서 온 갈릴리에 두루 다니사 그들의 회당에서 가르치시며 [1]천국
복음을 전파하시며 백성 중의 모든 병과 모든 약한 것을 고치시니
24 그의 소문이 온 수리아에 퍼진지라 사람들이 모든 앓는 자 곧 각종 병에
걸려서 고통 당하는 자, 귀신 들린 자, 간질하는 자, 중풍병자들을 데려
오니 그들을 고치시더라
25 갈릴리와 데가볼리와 예루살렘과 유대와 요단 강 건너편에서 수많은 무
리가 따르니라

마태복음으로 드리는 기도 예수님이 인간의 몸으로 친히 먼저 시험받으시어
우리로 이길 수 있다는 확신을 주시니 감사합니다.
어떤 시험이 와도 말씀을 붙잡고 승리하게 하소서.

1 헬, 그 나라의 복음을

DATE . . .

19

20

21

22

가르치시며 전파하시며 고치시다

23

24

25

말씀 적용하기

제5장

5장부터 7장까지는 산상수훈이라 불리는 예수님의 설교 말씀입니다.
5장 1-16절의 팔복에 관한 말씀은 산상수훈을 요약해 줍니다.

복이 있는 사람

1 예수께서 무리를 보시고 산에 올라가 앉으시니 제자들이 나아온지라

2 입을 열어 가르쳐 이르시되

3 심령이 가난한 자는 복이 있나니 천국이 그들의 것임이요

4 애통하는 자는 복이 있나니 그들이 위로를 받을 것임이요

5 온유한 자는 복이 있나니 그들이 땅을 기업으로 받을 것임이요

6 의에 주리고 목마른 자는 복이 있나니 그들이 배부를 것임이요

7 긍휼히 여기는 자는 복이 있나니 그들이 긍휼히 여김을 받을 것임이요

8 마음이 청결한 자는 복이 있나니 그들이 하나님을 볼 것임이요

9 화평하게 하는 자는 복이 있나니 그들이 하나님의 아들이라 일컬음을 받
을 것임이요

10 의를 위하여 박해를 받은 자는 복이 있나니 천국이 그들의 것임이라

11 나로 말미암아 너희를 욕하고 박해하고 거짓으로 너희를 거슬러 모든 악
한 말을 할 때에는 너희에게 복이 있나니

12 기뻐하고 즐거워하라 하늘에서 너희의 상이 큼이라 너희 전에 있던 선지
자들도 이같이 박해하였느니라

DATE . . .

복이 있는 사람

1

2

3

4

5

6

7

8

9

10

11

12

소금이요 빛이라

13 너희는 세상의 소금이니 소금이 만일 그 맛을 잃으면 무엇으로 짜게 하리
요 후에는 아무 쓸 데 없어 다만 밖에 버려져 사람에게 밟힐 뿐이니라
14 너희는 세상의 빛이라 산 위에 있는 동네가 숨겨지지 못할 것이요
15 사람이 등불을 켜서 말 아래에 두지 아니하고 등경 위에 두나니 이러므로
집 안 모든 사람에게 비치느니라
16 이같이 너희 빛이 사람 앞에 비치게 하여 그들로 너희 착한 행실을 보고
하늘에 계신 너희 아버지께 영광을 돌리게 하라

예수와 율법

17 내가 율법이나 선지자를 폐하러 온 줄로 생각하지 말라 폐하러 온 것이
아니요 완전하게 하려 함이라
18 진실로 너희에게 이르노니 천지가 없어지기 전에는 율법의 일점 일획도 결
코 없어지지 아니하고 다 이루리라
19 그러므로 누구든지 이 계명 중의 지극히 작은 것 하나라도 버리고 또 그
같이 사람을 가르치는 자는 천국에서 지극히 작다 일컬음을 받을 것이요
누구든지 이를 행하며 가르치는 자는 천국에서 크다 일컬음을 받으리라
20 내가 너희에게 이르노니 너희 의가 서기관과 바리새인보다 더 낫지 못하
면 결코 천국에 들어가지 못하리라

DATE . . .

소금이요 빛이라

13

14

15

16

예수와 율법

17

18

19

20

노하지 말라

21 [ㄱ] 옛 사람에게 말한 바 살인하지 말라 누구든지 살인하면 심판을 받게 되
리라 하였다는 것을 너희가 들었으나
22 나는 너희에게 이르노니 형제에게 노하는 자마다 심판을 받게 되고 형제
를 대하여 [1] 라가라 하는 자는 공회에 잡혀가게 되고 미련한 놈이라 하는
자는 지옥 불에 들어가게 되리라
23 그러므로 예물을 제단에 드리려다가 거기서 네 형제에게 원망들을 만한
일이 있는 것이 생각나거든
24 예물을 제단 앞에 두고 먼저 가서 형제와 화목하고 그 후에 와서 예물을
드리라
25 너를 고발하는 자와 함께 길에 있을 때에 급히 사화하라 그 고발하는 자
가 너를 재판관에게 내어 주고 재판관이 옥리에게 내어 주어 옥에 가둘
까 염려하라
26 진실로 네게 이르노니 네가 한 푼이라도 남김이 없이 다 갚기 전에는 결코
거기서 나오지 못하리라

간음하지 말라

27 [ㄴ] 또 간음하지 말라 하였다는 것을 너희가 들었으나

---

1 라가는 히브리인의 욕설

ㄱ 출 20:13; 신 5:17

ㄴ 출 20:14; 신 5:18

DATE . . .

노하지 말라

21

22

23

24

25

26

간음하지 말라

27

28 나는 너희에게 이르노니 음욕을 품고 여자를 보는 자마다 마음에 이미
간음하였느니라
29 만일 네 오른 눈이 너로 실족하게 하거든 빼어 내버리라 네 백체 중 하나
가 없어지고 온 몸이 지옥에 던져지지 않는 것이 유익하며
30 또한 만일 네 오른손이 너로 실족하게 하거든 찍어 내버리라 네 백체 중
하나가 없어지고 온 몸이 지옥에 던져지지 않는 것이 유익하니라
31 또 일렀으되 ㄱ누구든지 아내를 버리려거든 이혼 증서를 줄 것이라 하였
으나
32 나는 너희에게 이르노니 누구든지 음행한 이유 없이 아내를 버리면 이는
그로 간음하게 함이요 또 누구든지 버림받은 여자에게 장가드는 자도 간
음함이니라

맹세하지 말라

33 ㄴ또 옛 사람에게 말한 바 헛 맹세를 하지 말고 네 맹세한 것을 주께 지키
라 하였다는 것을 너희가 들었으나
34 나는 너희에게 이르노니 도무지 맹세하지 말지니 하늘로도 하지 말라 이
는 하나님의 보좌임이요
35 땅으로도 하지 말라 이는 하나님의 발등상임이요 예루살렘으로도 하지
말라 이는 큰 임금의 성임이요

ㄱ 신 24:1, 3

ㄴ 레 19:12; 민 30:2; 신 23:21

DATE . . .

28

29

30

31

32

맹세하지 말라

33

34

35

36 네 머리로도 하지 말라 이는 네가 한 터럭도 희고 검게 할 수 없음이라
37 오직 너희 말은 옳다 옳다, 아니라 아니라 하라 이에서 지나는 것은 [1]악
으로부터 나느니라

악한 자를 대적하지 말라

38 [ㄱ]또 눈은 눈으로, 이는 이로 갚으라 하였다는 것을 너희가 들었으나
39 나는 너희에게 이르노니 [2]악한 자를 대적하지 말라 누구든지 네 오른편
뺨을 치거든 왼편도 돌려 대며
40 또 너를 고발하여 속옷을 가지고자 하는 자에게 겉옷까지도 가지게 하며
41 또 누구든지 너로 억지로 오 리를 가게 하거든 그 사람과 십 리를 동행하고
42 네게 구하는 자에게 주며 네게 꾸고자 하는 자에게 거절하지 말라

원수를 사랑하라

43 [ㄴ]또 네 이웃을 사랑하고 네 원수를 미워하라 하였다는 것을 너희가 들었
으나
44 나는 너희에게 이르노니 너희 원수를 사랑하며 너희를 박해하는 자를 위
하여 기도하라

---

1 또는 악한 자로
2 또는 악을
ㄱ 출 21:24; 레 24:20; 신 19:21
ㄴ 레 19:18

36

37

악한 자를 대적하지 말라

38

39

40

41

42

원수를 사랑하라

43

44

45 이같이 한즉 하늘에 계신 너희 아버지의 아들이 되리니 이는 하나님이 그
해를 악인과 선인에게 비추시며 비를 의로운 자와 불의한 자에게 내려주
심이라
46 너희가 너희를 사랑하는 자를 사랑하면 무슨 상이 있으리요 세리도 이같
이 아니하느냐
47 또 너희가 너희 형제에게만 문안하면 남보다 더하는 것이 무엇이냐 이방
인들도 이같이 아니하느냐
48 그러므로 하늘에 계신 너희 아버지의 온전하심과 같이 너희도 온전하라

마태복음으로 드리는 기도 우리를 세상의 빛과 소금으로 부르신
주님을 말씀을 통해 다시 한번 기억합니다.
저로 하여금 거룩함과 선함을 드러내는 성도가 되게 하소서.

DATE . . .

45

46

47

48

말씀 적용하기

제6장

계속되는 산상설교에서 예수님은 천국 시민의 실생활과 연관된
윤리적 실천강령(재물에 대한 교훈, 염려에 대한 교훈)을 언급하십니다.

구제함을 은밀하게 하라

1 사람에게 보이려고 그들 앞에서 너희 의를 행하지 않도록 주의하라 그리
하지 아니하면 하늘에 계신 너희 아버지께 상을 받지 못하느니라
2 그러므로 구제할 때에 외식하는 자가 사람에게서 영광을 받으려고 회당
과 거리에서 하는 것 같이 너희 앞에 나팔을 불지 말라 진실로 너희에게
이르노니 그들은 자기 상을 이미 받았느니라
3 너는 구제할 때에 오른손이 하는 것을 왼손이 모르게 하여
4 네 구제함을 은밀하게 하라 은밀한 중에 보시는 너의 아버지께서 갚으시
리라

너희는 이렇게 기도하라

5 또 너희는 기도할 때에 외식하는 자와 같이 하지 말라 그들은 사람에게
보이려고 회당과 큰 거리 어귀에 서서 기도하기를 좋아하느니라 내가 진
실로 너희에게 이르노니 그들은 자기 상을 이미 받았느니라
6 너는 기도할 때에 네 골방에 들어가 문을 닫고 은밀한 중에 계신 네 아버
지께 기도하라 은밀한 중에 보시는 네 아버지께서 갚으시리라

DATE . . .

구제함을 은밀하게 하라

1

2

3

4

너희는 이렇게 기도하라

5

6

7 또 기도할 때에 이방인과 같이 중언부언하지 말라 그들은 말을 많이 하여
야 들으실 줄 생각하느니라
8 그러므로 그들을 본받지 말라 구하기 전에 너희에게 있어야 할 것을 하나
님 너희 아버지께서 아시느니라
9 그러므로 너희는 이렇게 기도하라 하늘에 계신 우리 아버지여 이름이 거
룩히 여김을 받으시오며
10 나라가 임하시오며 뜻이 하늘에서 이루어진 것 같이 땅에서도 이루어지
이다
11 오늘 우리에게 [1]일용할 양식을 주시옵고
12 우리가 우리에게 [2]죄 지은 자를 사하여 준 것 같이 우리 죄를 사하여 주
시옵고
13 우리를 시험에 들게 하지 마시옵고 다만 [3]악에서 구하시옵소서 [4](나라
와 권세와 영광이 아버지께 영원히 있사옵나이다 아멘)
14 너희가 사람의 잘못을 용서하면 너희 하늘 아버지께서도 너희 잘못을 용
서하시려니와
15 너희가 사람의 잘못을 용서하지 아니하면 너희 아버지께서도 너희 잘못
을 용서하지 아니하시리라

---

1 또는 내일 양식을

2 헬, 빚진 자를 탕감하여 준 것같이 우리의 빚도 탕감하여 주시옵고

3 또는 악한 자에게서도

4 고대 사본에, 이 괄호 내 구절이 없음

DATE . . .

7

8

9

10

11

12

13

14

15

외식으로 금식하지 말라

16 금식할 때에 너희는 외식하는 자들과 같이 슬픈 기색을 보이지 말라 그
들은 금식하는 것을 사람에게 보이려고 얼굴을 흉하게 하느니라 내가 진
실로 너희에게 이르노니 그들은 자기 상을 이미 받았느니라
17 너는 금식할 때에 머리에 기름을 바르고 얼굴을 씻으라
18 이는 금식하는 자로 사람에게 보이지 않고 오직 은밀한 중에 계신 네
아버지께 보이게 하려 함이라 은밀한 중에 보시는 네 아버지께서 갚으
시리라

보물을 하늘에 쌓아 두라

19 너희를 위하여 보물을 땅에 쌓아 두지 말라 거기는 좀과 동록이 해하며
도둑이 구멍을 뚫고 도둑질하느니라
20 오직 너희를 위하여 보물을 하늘에 쌓아 두라 거기는 좀이나 동록이 해
하지 못하며 도둑이 구멍을 뚫지도 못하고 도둑질도 못하느니라
21 네 보물 있는 그 곳에는 네 마음도 있느니라
22 눈은 몸의 등불이니 그러므로 네 눈이 [1]성하면 온 몸이 밝을 것이요
23 눈이 나쁘면 온 몸이 어두울 것이니 그러므로 네게 있는 빛이 어두우면 그
어둠이 얼마나 더하겠느냐

---

1 헬, 순전하면

DATE . . .

외식으로 금식하지 말라

16

17

18

보물을 하늘에 쌓아 두라

19

20

21

22

23

24 한 사람이 두 주인을 섬기지 못할 것이니 혹 이를 미워하고 저를 사랑하거
나 혹 이를 중히 여기고 저를 경히 여김이라 너희가 하나님과 재물을 겸하
여 섬기지 못하느니라
25 그러므로 내가 너희에게 이르노니 목숨을 위하여 무엇을 먹을까 무엇을
마실까 몸을 위하여 무엇을 입을까 염려하지 말라 목숨이 음식보다 중하
지 아니하며 몸이 의복보다 중하지 아니하냐
26 공중의 새를 보라 심지도 않고 거두지도 않고 창고에 모아들이지도 아
니하되 너희 하늘 아버지께서 기르시나니 너희는 이것들보다 귀하지 아
니하냐
27 너희 중에 누가 염려함으로 그 [1]키를 한 자라도 더할 수 있겠느냐
28 또 너희가 어찌 의복을 위하여 염려하느냐 들의 백합화가 어떻게 자라는
가 생각하여 보라 수고도 아니하고 길쌈도 아니하느니라
29 그러나 내가 너희에게 말하노니 솔로몬의 모든 영광으로도 입은 것이 이
꽃 하나만 같지 못하였느니라
30 오늘 있다가 내일 아궁이에 던져지는 들풀도 하나님이 이렇게 입히시거든
하물며 너희일까보냐 믿음이 작은 자들아
31 그러므로 염려하여 이르기를 무엇을 먹을까 무엇을 마실까 무엇을 입을
까 하지 말라
32 이는 다 이방인들이 구하는 것이라 너희 하늘 아버지께서 이 모든 것이 너
희에게 있어야 할 줄을 아시느니라

---

1 또는 목숨을

DATE . . .

24

25

26

27
28

29

30

31

32

33 그런즉 너희는 먼저 그의 나라와 그의 의를 구하라 그리하면 이 모든 것
을 너희에게 더하시리라
34 그러므로 내일 일을 위하여 염려하지 말라 내일 일은 내일이 염려할 것이
요 한 날의 괴로움은 그 날로 족하니라

마태복음으로 드리는 기도 염려를 버리기 원합니다.
자녀, 건강, 물질 등 그 어떤 것도 우리 힘으로 담보할 수 없음을 깨닫고 고백하오니,
하나님만 의지하며 살아가게 하소서.

DATE . . .

33

34

말씀 적용하기

제7장

산상설교의 결론 부분입니다.
예수님은 천국 시민이 지녀야 할 삶의 구체적인 측면으로
비판의 원리, 기도에 대한 교훈 등을 말씀하십니다.

비판하지 말라

1 비판을 받지 아니하려거든 비판하지 말라

2 너희가 비판하는 그 비판으로 너희가 비판을 받을 것이요 너희가 헤아리
는 그 헤아림으로 너희가 헤아림을 받을 것이니라

3 어찌하여 형제의 눈 속에 있는 티는 보고 네 눈 속에 있는 들보는 깨닫지
못하느냐

4 보라 네 눈 속에 들보가 있는데 어찌하여 형제에게 말하기를 나로 네 눈
속에 있는 티를 빼게 하라 하겠느냐

5 외식하는 자여 먼저 네 눈 속에서 들보를 빼어라 그 후에야 밝히 보고 형
제의 눈 속에서 티를 빼리라

6 거룩한 것을 개에게 주지 말며 너희 진주를 돼지 앞에 던지지 말라 그들이
그것을 발로 밟고 돌이켜 너희를 찢어 상하게 할까 염려하라

구하라 찾으라 문을 두드리라

7 구하라 그리하면 너희에게 주실 것이요 찾으라 그리하면 찾아낼 것이요
문을 두드리라 그리하면 너희에게 열릴 것이니

DATE . . .

비판하지 말라

1

2

3

4

5

6

구하라 찾으라 문을 두드리라

7

8 구하는 이마다 받을 것이요 찾는 이는 찾아낼 것이요 두드리는 이에게는
열릴 것이니라
9 너희 중에 누가 아들이 떡을 달라 하는데 돌을 주며
10 생선을 달라 하는데 뱀을 줄 사람이 있겠느냐
11 너희가 악한 자라도 좋은 것으로 자식에게 줄 줄 알거든 하물며 하늘에
계신 너희 아버지께서 구하는 자에게 좋은 것으로 주시지 않겠느냐
12 그러므로 무엇이든지 남에게 대접을 받고자 하는 대로 너희도 남을 대접
하라 이것이 율법이요 선지자니라

좁은 문

13 좁은 문으로 들어가라 멸망으로 인도하는 문은 크고 그 길이 넓어 그리
로 들어가는 자가 많고
14 생명으로 인도하는 문은 좁고 길이 협착하여 찾는 자가 적음이라

열매로 그들을 알리라

15 거짓 선지자들을 삼가라 양의 옷을 입고 너희에게 나아오나 속에는 노략
질하는 이리라
16 그들의 열매로 그들을 알지니 가시나무에서 포도를, 또는 엉겅퀴에서 무
화과를 따겠느냐
17 이와 같이 좋은 나무마다 아름다운 열매를 맺고 못된 나무가 나쁜 열매
를 맺나니

DATE . . .

8

9

10

11

12

좁은 문

13

14

열매로 그들을 알리라

15

16

17

18 좋은 나무가 나쁜 열매를 맺을 수 없고 못된 나무가 아름다운 열매를 맺
을 수 없느니라
19 아름다운 열매를 맺지 아니하는 나무마다 찍혀 불에 던져지느니라
20 이러므로 그들의 열매로 그들을 알리라
21 나더러 주여 주여 하는 자마다 다 천국에 들어갈 것이 아니요 다만 하늘
에 계신 내 아버지의 뜻대로 행하는 자라야 들어가리라
22 그 날에 많은 사람이 나더러 이르되 주여 주여 우리가 주의 이름으로 선
지자 노릇 하며 주의 이름으로 귀신을 쫓아 내며 주의 이름으로 많은 권
능을 행하지 아니하였나이까 하리니
23 그 때에 내가 그들에게 밝히 말하되 내가 너희를 도무지 알지 못하니 불
법을 행하는 자들아 내게서 떠나가라 하리라
24 그러므로 누구든지 나의 이 말을 듣고 행하는 자는 그 집을 반석 위에 지
은 지혜로운 사람 같으리니
25 비가 내리고 창수가 나고 바람이 불어 그 집에 부딪치되 무너지지 아니하
나니 이는 주추를 반석 위에 놓은 까닭이요
26 나의 이 말을 듣고 행하지 아니하는 자는 그 집을 모래 위에 지은 어리석
은 사람 같으리니
27 비가 내리고 창수가 나고 바람이 불어 그 집에 부딪치매 무너져 그 무너짐
이 심하니라

DATE . . .

18

19

20

21

22

23

24

25

26

27

무리들이 가르치심에 놀라다

28 예수께서 이 말씀을 마치시매 무리들이 그의 가르치심에 놀라니
29 이는 그 가르치시는 것이 권위 있는 자와 같고 그들의 서기관들과 같지
아니함일러라

마태복음으로 드리는 기도 다른 사람을 비난하고 정죄하는 자리에 있지 않게 하소서. 먼저 나를 살피고 다른 사람의 잘못에 대해 이해하는 마음을 갖게 하소서.

DATE . . .

무리들이 가르치심에 놀라다

28

29

말씀 적용하기

제8장

나병환자와 백부장의 하인을 고치시는 예수님의 치유 사역을 소개합니다.
예수님은 바람과 바다를 잔잔케 하는 이적도 행하십니다.

나병환자를 깨끗하게 하시다

1 예수께서 산에서 내려 오시니 수많은 무리가 따르니라

2 한 나병환자가 나아와 절하며 이르되 주여 원하시면 저를 깨끗하게 하실
수 있나이다 하거늘

3 예수께서 손을 내밀어 그에게 대시며 이르시되 내가 원하노니 깨끗함을
받으라 하시니 즉시 그의 나병이 깨끗하여진지라

4 예수께서 이르시되 삼가 아무에게도 이르지 말고 다만 가서 [ㄱ]제사장에게
네 몸을 보이고 모세가 명한 예물을 드려 그들에게 입증하라 하시니라

백부장의 하인을 고치시다

5 예수께서 가버나움에 들어가시니 한 백부장이 나아와 간구하여

6 이르되 주여 내 하인이 중풍병으로 집에 누워 몹시 괴로워하나이다

7 이르시되 내가 가서 고쳐 주리라

8 백부장이 대답하여 이르되 주여 내 집에 들어오심을 나는 감당하지 못하
겠사오니 다만 말씀으로만 하옵소서 그러면 내 하인이 낫겠사옵나이다

ㄱ 레 14:2 이하

DATE . . .

나병환자를 깨끗하게 하시다

1

2

3

4

백부장의 하인을 고치시다

5

6

7

8

9 나도 남의 수하에 있는 사람이요 내 아래에도 군사가 있으니 이더러 가라
하면 가고 저더러 오라 하면 오고 내 종더러 이것을 하라 하면 하나이다
10 예수께서 들으시고 놀랍게 여겨 따르는 자들에게 이르시되 내가 진실로
너희에게 이르노니 [1]이스라엘 중 아무에게서도 이만한 믿음을 보지 못하
였노라
11 또 너희에게 이르노니 동 서로부터 많은 사람이 이르러 아브라함과 이삭
과 야곱과 함께 천국에 [2]앉으려니와
12 그 나라의 본 자손들은 바깥 어두운 데 쫓겨나 거기서 울며 이를 갈게 되
리라
13 예수께서 백부장에게 이르시되 가라 네 믿은 대로 될지어다 하시니 그 즉
시 하인이 나으니라

많은 사람들을 다 고치시다

14 예수께서 베드로의 집에 들어가사 그의 장모가 열병으로 앓아 누운 것을
보시고
15 그의 손을 만지시니 열병이 떠나가고 여인이 일어나서 예수께 수종들더라
16 저물매 사람들이 귀신 들린 자를 많이 데리고 예수께 오거늘 예수께서 말
씀으로 귀신들을 쫓아 내시고 병든 자들을 다 고치시니

---

1 어떤 사본에, 이스라엘 중에서라도

2 헬, 기대어 누우려니와(유대인이 음식 먹을 때에 가지는 자세)

9

10

11

12

13

많은 사람들을 다 고치시다

14

15

16

17 이는 선지자 이사야를 통하여 하신 말씀에 ㄱ우리의 연약한 것을 친히 담
당하시고 병을 짊어지셨도다 함을 이루려 하심이더라

나를 따르라

18 예수께서 무리가 자기를 에워싸는 것을 보시고 건너편으로 가기를 명하
시니라
19 한 서기관이 나아와 예수께 아뢰되 선생님이여 어디로 가시든지 저는 따
르리이다
20 예수께서 이르시되 여우도 굴이 있고 공중의 새도 거처가 있으되 인자는
머리 둘 곳이 없다 하시더라
21 제자 중에 또 한 사람이 이르되 주여 내가 먼저 가서 내 아버지를 장사하
게 허락하옵소서
22 예수께서 이르시되 죽은 자들이 그들의 죽은 자들을 장사하게 하고 너는
나를 따르라 하시니라

바람과 바다를 잔잔하게 하시다

23 배에 오르시매 제자들이 따랐더니
24 바다에 큰 놀이 일어나 배가 물결에 덮이게 되었으되 예수께서는 주무시
는지라
25 그 제자들이 나아와 깨우며 이르되 주여 구원하소서 우리가 죽겠나이다

ㄱ 사 53:4

DATE . . .

17

나를 따르라

18

19

20

21

22

바람과 바다를 잔잔하게 하시다

23

24

25

26 예수께서 이르시되 어찌하여 무서워하느냐 믿음이 작은 자들아 하시고
곧 일어나사 바람과 바다를 꾸짖으시니 아주 잔잔하게 되거늘
27 그 사람들이 놀랍게 여겨 이르되 이이가 어떠한 사람이기에 바람과 바다
도 순종하는가 하더라

귀신 들린 두 사람을 고치시다

28 또 예수께서 건너편 가다라 지방에 가시매 귀신 들린 자 둘이 무덤 사이에
서 나와 예수를 만나니 그들은 몹시 사나워 아무도 그 길로 지나갈 수 없
을 지경이더라
29 이에 그들이 소리 질러 이르되 하나님의 아들이여 우리가 당신과 무슨 상
관이 있나이까 때가 이르기 전에 우리를 괴롭게 하려고 여기 오셨나이까
하더니
30 마침 멀리서 많은 돼지 떼가 먹고 있는지라
31 귀신들이 예수께 간구하여 이르되 만일 우리를 쫓아 내시려면 돼지 떼에
들여 보내 주소서 하니
32 그들에게 가라 하시니 귀신들이 나와서 돼지에게로 들어가는지라 온 떼
가 비탈로 내리달아 바다에 들어가서 물에서 몰사하거늘
33 치던 자들이 달아나 시내에 들어가 이 모든 일과 귀신 들린 자의 일을 고
하니

26

27

귀신 들린 두 사람을 고치시다

28

29

30

31

32

33

34 온 시내가 예수를 만나려고 나가서 보고 그 지방에서 떠나시기를 간구하
더라

마태복음으로 드리는 기도 하나님, 백부장처럼 주님 앞에서 온전히 겸손하게 하소서.
주님 말씀의 완전함과 능력을 믿고 확신하는 믿음을 주소서.
어떤 상황에도 흔들리지 않게 하소서.

DATE . . .

34

말씀 적용하기

제9장

예수님은 중풍병자와 야이로의 딸,
그리고 혈루증을 앓던 여인 등을 고치십니다.
그리고 세리 마태를 제자로 부르십니다.

중풍병자를 고치시다

1 예수께서 배에 오르사 건너가 본 동네에 이르시니

2 침상에 누운 중풍병자를 사람들이 데리고 오거늘 예수께서 그들의 믿음을 보시고 중풍병자에게 이르시되 작은 자야 안심하라 네 죄 사함을 받았느니라

3 어떤 서기관들이 속으로 이르되 이 사람이 신성을 모독하도다

4 예수께서 그 생각을 아시고 이르시되 너희가 어찌하여 마음에 악한 생각을 하느냐

5 네 죄 사함을 받았느니라 하는 말과 일어나 걸어가라 하는 말 중에 어느 것이 쉽겠느냐

6 그러나 인자가 세상에서 죄를 사하는 권능이 있는 줄을 너희로 알게 하려 하노라 하시고 중풍병자에게 말씀하시되 일어나 네 침상을 가지고 집으로 가라 하시니

7 그가 일어나 집으로 돌아가거늘

8 무리가 보고 두려워하며 이런 권능을 사람에게 주신 하나님께 영광을 돌리니라

DATE . . .

중풍병자를 고치시다

1

2

3

4

5

6

7

8

마태를 부르시다

9 예수께서 그 곳을 떠나 지나가시다가 마태라 하는 사람이 세관에 앉아
있는 것을 보시고 이르시되 나를 따르라 하시니 일어나 따르니라
10 예수께서 마태의 집에서 [1]앉아 음식을 잡수실 때에 많은 세리와 죄인들
이 와서 예수와 그의 제자들과 함께 [1]앉았더니
11 바리새인들이 보고 그의 제자들에게 이르되 어찌하여 너희 선생은 세리
와 죄인들과 함께 잡수시느냐
12 예수께서 들으시고 이르시되 건강한 자에게는 의사가 쓸 데 없고 병든 자
에게라야 쓸 데 있느니라
13 너희는 가서 [ㄱ]내가 긍휼을 원하고 제사를 원하지 아니하노라 하신 뜻이
무엇인지 배우라 나는 의인을 부르러 온 것이 아니요 죄인을 부르러 왔노
라 하시니라

금식 논쟁

14 그 때에 요한의 제자들이 예수께 나아와 이르되 우리와 바리새인들은 금
식하는데 어찌하여 당신의 제자들은 금식하지 아니하나이까
15 예수께서 그들에게 이르시되 혼인집 손님들이 신랑과 함께 있을 동안에
슬퍼할 수 있느냐 그러나 신랑을 빼앗길 날이 이르리니 그 때에는 금식할
것이니라

---

1 헬, 기대어 누우려니와(유대인이 음식 먹을 때에 가지는 자세)

ㄱ 호 6:6

마태를 부르시다

9

10

11

12

13

금식 논쟁

14

15

16 생베 조각을 낡은 옷에 붙이는 자가 없나니 이는 기운 것이 그 옷을 당기
어 해어짐이 더하게 됨이요
17 새 포도주를 낡은 가죽 부대에 넣지 아니하나니 그렇게 하면 부대가 터져
포도주도 쏟아지고 부대도 버리게 됨이라 새 포도주는 새 부대에 넣어야
둘이 다 보전되느니라

한 관리의 딸과 예수의 옷을 만진 여자

18 예수께서 이 말씀을 하실 때에 한 관리가 와서 절하며 이르되 내 딸이 방
금 죽었사오나 오셔서 그 몸에 손을 얹어 주소서 그러면 살아나겠나이다
하니
19 예수께서 일어나 따라가시매 제자들도 가더니
20 열두 해 동안이나 혈루증으로 앓는 여자가 예수의 뒤로 와서 그 겉옷 가
를 만지니
21 이는 제 마음에 그 겉옷만 만져도 구원을 받겠다 함이라
22 예수께서 돌이켜 그를 보시며 이르시되 딸아 안심하라 네 믿음이 너를 구
원하였다 하시니 여자가 그 즉시 구원을 받으니라
23 예수께서 그 관리의 집에 가사 피리 부는 자들과 떠드는 무리를 보시고
24 이르시되 물러가라 이 소녀가 죽은 것이 아니라 잔다 하시니 그들이 비웃
더라
25 무리를 내보낸 후에 예수께서 들어가사 소녀의 손을 잡으시매 일어나는
지라

16

17

한 관리의 딸과 예수의 옷을 만진 여자

18

19

20

21

22

23

24

25

26 그 소문이 그 온 땅에 퍼지더라

맹인들의 눈을 뜨게 하시다

27 예수께서 거기에서 떠나가실새 두 맹인이 따라오며 소리 질러 이르되 다
윗의 자손이여 우리를 불쌍히 여기소서 하더니
28 예수께서 집에 들어가시매 맹인들이 그에게 나아오거늘 예수께서 이르시
되 내가 능히 이 일 할 줄을 믿느냐 대답하되 주여 그러하오이다 하니
29 이에 예수께서 그들의 눈을 만지시며 이르시되 너희 믿음대로 되라 하
시니
30 그 눈들이 밝아진지라 예수께서 엄히 경고하시되 삼가 아무에게도 알리
지 말라 하셨으나
31 그들이 나가서 예수의 소문을 그 온 땅에 퍼뜨리니라

말 못하는 사람을 고치시다

32 그들이 나갈 때에 귀신 들려 말 못하는 사람을 예수께 데려오니
33 귀신이 쫓겨나고 말 못하는 사람이 말하거늘 무리가 놀랍게 여겨 이르되
이스라엘 가운데서 이런 일을 본 적이 없다 하되
34 바리새인들은 이르되 그가 귀신의 왕을 의지하여 귀신을 쫓아낸다 하
더라

26

맹인들의 눈을 뜨게 하시다

27

28

29

30

31

말 못하는 사람을 고치시다

32

33

34

무리를 불쌍히 여기시다

35 예수께서 모든 도시와 마을에 두루 다니사 그들의 회당에서 가르치시며
[1]천국 복음을 전파하시며 모든 병과 모든 약한 것을 고치시니라
36 무리를 보시고 불쌍히 여기시니 이는 그들이 목자 없는 양과 같이 고생하
며 기진함이라
37 이에 제자들에게 이르시되 추수할 것은 많되 일꾼이 적으니
38 그러므로 추수하는 주인에게 청하여 추수할 일꾼들을 보내 주소서 하라
하시니라

마태복음으로 드리는 기도 하나님, 불신앙의 유혹을 떨치고
아무리 팍팍한 환경이라도 주님을 향한 소망을 잃지 않게 하소서.
주님의 능력을 반드시 체험하는 인생이 되게 하소서.

---

1 헬, 그 나라의 복음을

DATE . . .

무리를 불쌍히 여기시다

35

36

37

38

말씀 적용하기

제10장

열두 제자를 선택하시고 파송 직전에 베푸신 교훈으로,
복음 선포의 절대 우위성과 그것을 담당하는 자들에게 요청되는
전적인 헌신을 말하고 있습니다.

열두 제자를 부르시다

1 예수께서 그의 열두 제자를 부르사 더러운 귀신을 쫓아내며 모든 병과
모든 약한 것을 고치는 권능을 주시니라

열두 제자에게 명하여 이르시다

2 열두 사도의 이름은 이러하니 베드로라 하는 시몬을 비롯하여 그의 형제
안드레와 세베대의 아들 야고보와 그의 형제 요한,
3 빌립과 바돌로매, 도마와 세리 마태, 알패오의 아들 야고보와 다대오,
4 [1]가나나인 시몬 및 가룟 유다 곧 예수를 판 자라
5 예수께서 이 열둘을 내보내시며 명하여 이르시되 이방인의 길로도 가지
말고 사마리아인의 고을에도 들어가지 말고
6 오히려 이스라엘 집의 잃어버린 양에게로 가라
7 가면서 전파하여 말하되 천국이 가까이 왔다 하고
8 병든 자를 고치며 죽은 자를 살리며 나병환자를 깨끗하게 하며 귀신을
쫓아내되 너희가 거저 받았으니 거저 주라

---

1 아람어에서 온 말로 열심당원이란 뜻이다.

DATE . . .

열두 제자를 부르시다

1

열두 제자에게 명하여 이르시다

2

3

4

5

6

7

8

9 너희 전대에 금이나 은이나 동을 가지지 말고
10 여행을 위하여 배낭이나 두 벌 옷이나 신이나 지팡이를 가지지 말라 이는
일꾼이 자기의 먹을 것 받는 것이 마땅함이라
11 어떤 성이나 마을에 들어가든지 그 중에 합당한 자를 찾아내어 너희가 떠
나기까지 거기서 머물라
12 또 그 집에 들어가면서 평안하기를 빌라
13 그 집이 이에 합당하면 너희 빈 평안이 거기 임할 것이요 만일 합당하지 아
니하면 그 평안이 너희에게 돌아올 것이니라
14 누구든지 너희를 영접하지도 아니하고 너희 말을 듣지도 아니하거든 그
집이나 성에서 나가 너희 발의 먼지를 떨어 버리라
15 내가 진실로 너희에게 이르노니 심판 날에 소돔과 고모라 땅이 그 성보다
견디기 쉬우리라

미움을 받을 것이다

16 보라 내가 너희를 보냄이 양을 이리 가운데로 보냄과 같도다 그러므로
너희는 뱀 같이 지혜롭고 비둘기 같이 순결하라
17 사람들을 삼가라 그들이 너희를 공회에 넘겨 주겠고 그들의 회당에서 채
찍질하리라
18 또 너희가 나로 말미암아 총독들과 임금들 앞에 끌려 가리니 이는 그들
과 이방인들에게 증거가 되게 하려 하심이라

9

10

11

12

13

14

15

미움을 받을 것이다

16

17

18

19 너희를 넘겨 줄 때에 어떻게 또는 무엇을 말할까 염려하지 말라 그 때에
너희에게 할 말을 주시리니
20 말하는 이는 너희가 아니라 너희 속에서 말씀하시는 이 곧 너희 아버지의
성령이시니라
21 장차 형제가 형제를, 아버지가 자식을 죽는 데에 내주며 자식들이 부모를
대적하여 죽게 하리라
22 또 너희가 내 이름으로 말미암아 모든 사람에게 미움을 받을 것이나 끝
까지 견디는 자는 구원을 얻으리라
23 이 동네에서 너희를 박해하거든 저 동네로 피하라 내가 진실로 너희에게
이르노니 이스라엘의 모든 동네를 다 다니지 못하여서 인자가 오리라

두려워할 분을 두려워하라

24 제자가 그 선생보다, 또는 종이 그 상전보다 높지 못하나니
25 제자가 그 선생 같고 종이 그 상전 같으면 족하도다 집 주인을 바알세불
이라 하였거든 하물며 그 집 사람들이랴
26 그런즉 그들을 두려워하지 말라 감추인 것이 드러나지 않을 것이 없고 숨
은 것이 알려지지 않을 것이 없느니라
27 내가 너희에게 어두운 데서 이르는 것을 광명한 데서 말하며 너희가 귓속
말로 듣는 것을 집 위에서 전파하라
28 몸은 죽여도 영혼은 능히 죽이지 못하는 자들을 두려워하지 말고 오직
몸과 영혼을 능히 지옥에 멸하실 수 있는 이를 두려워하라

19

20

21

22

23

두려워할 분을 두려워하라

24

25

26

27

28

29 참새 두 마리가 한 [1]앗사리온에 팔리지 않느냐 그러나 너희 아버지께서
허락하지 아니하시면 그 하나도 땅에 떨어지지 아니하리라
30 너희에게는 머리털까지 다 세신 바 되었나니
31 두려워하지 말라 너희는 많은 참새보다 귀하니라
32 누구든지 사람 앞에서 나를 시인하면 나도 하늘에 계신 내 아버지 앞에서
그를 시인할 것이요
33 누구든지 사람 앞에서 나를 부인하면 나도 하늘에 계신 내 아버지 앞에서
그를 부인하리라

검을 주러 왔다

34 내가 세상에 화평을 주러 온 줄로 생각하지 말라 화평이 아니요 검을 [2]주
러 왔노라
35 내가 온 것은 사람이 그 아버지와, 딸이 어머니와, 며느리가 시어머니와
불화하게 하려 함이니
36 사람의 원수가 자기 집안 식구리라
37 아버지나 어머니를 나보다 더 사랑하는 자는 내게 합당하지 아니하고 아
들이나 딸을 나보다 더 사랑하는 자도 내게 합당하지 아니하며
38 또 자기 십자가를 지고 나를 따르지 않는 자도 내게 합당하지 아니하니라
39 자기 목숨을 얻는 자는 잃을 것이요 나를 위하여 자기 목숨을 잃는 자는
얻으리라

---

1 동전의 명칭
2 헬, 던지러

DATE . . .

29

30

31

32

33

검을 주러 왔다

34

35

36

37

38

39

상을 받을 사람

40 너희를 영접하는 자는 나를 영접하는 것이요 나를 영접하는 자는 나를 보
내신 이를 영접하는 것이니라
41 선지자의 이름으로 선지자를 영접하는 자는 선지자의 상을 받을 것이요
의인의 이름으로 의인을 영접하는 자는 의인의 상을 받을 것이요
42 또 누구든지 제자의 이름으로 이 작은 자 중 하나에게 냉수 한 그릇이라
도 주는 자는 내가 진실로 너희에게 이르노니 그 사람이 결단코 상을 잃
지 아니하리라 하시니라

마태복음으로 드리는 기도 하나님, 복음을 전하며 성도의 사명을 감당하게 하소서. 그럴 때 주님이 이 땅의 삶을 책임져주시는 고귀한 체험을 하게 하소서.

DATE . . .

상을 받을 사람

40

41

42

말씀 적용하기

제11장

요한은 예수님이 메시아인지 여쭙니다.
예수님은 병자 치유 사건을 통해
구약에서 예언한 구속자가 자신임을 우회적으로 밝히십니다.

1 예수께서 열두 제자에게 명하기를 마치시고 이에 그들의 여러 동네에서
가르치시며 전도하시려고 거기를 떠나 가시니라

세례 요한

2 요한이 옥에서 그리스도께서 하신 일을 듣고 제자들을 보내어
3 예수께 여짜오되 오실 그이가 당신이오니이까 우리가 다른 이를 기다리
오리이까
4 예수께서 대답하여 이르시되 너희가 가서 듣고 보는 것을 요한에게 알
리되
5 맹인이 보며 못 걷는 사람이 걸으며 나병환자가 깨끗함을 받으며 못 듣는
자가 들으며 죽은 자가 살아나며 가난한 자에게 복음이 전파된다 하라
6 누구든지 나로 말미암아 실족하지 아니하는 자는 복이 있도다 하시니라
7 그들이 떠나매 예수께서 무리에게 요한에 대하여 말씀하시되 너희가 무
엇을 보려고 광야에 나갔더냐 바람에 흔들리는 갈대냐
8 그러면 너희가 무엇을 보려고 나갔더냐 부드러운 옷 입은 사람이냐 부드
러운 옷을 입은 사람들은 왕궁에 있느니라

DATE . . .

1

세례 요한

2

3

4

5

6

7

8

9 그러면 너희가 어찌하여 나갔더냐 선지자를 보기 위함이었더냐 옳다 내가
너희에게 이르노니 선지자보다 더 나은 자니라
10 기록된 바 [ㄱ]보라 내가 내 사자를 네 앞에 보내노니 그가 네 길을 네 앞에
준비하리라 하신 것이 이 사람에 대한 말씀이니라
11 내가 진실로 너희에게 말하노니 여자가 낳은 자 중에 [1]세례 요한보다
큰 이가 일어남이 없도다 그러나 천국에서는 극히 작은 자라도 그보다
크니라
12 [1]세례 요한의 때부터 지금까지 천국은 침노를 당하나니 침노하는 자는
빼앗느니라
13 모든 선지자와 율법이 예언한 것은 요한까지니
14 만일 너희가 즐겨 받을진대 오리라 한 엘리야가 곧 이 사람이니라
15 귀 있는 자는 들을지어다
16 이 세대를 무엇으로 비유할까 비유하건대 아이들이 장터에 앉아 제 동무
를 불러
17 이르되 우리가 너희를 향하여 피리를 불어도 너희가 춤추지 않고 우리가
슬피 울어도 너희가 가슴을 치지 아니하였다 함과 같도다
18 요한이 와서 먹지도 않고 마시지도 아니하매 그들이 말하기를 귀신이 들
렸다 하더니

---

1 헬, 또는 침례

ㄱ 말 3:1

DATE . . .

9

10

11

12

13

14

15

16

17

18

19 인자는 와서 먹고 마시매 말하기를 보라 먹기를 탐하고 포도주를 즐기는
사람이요 세리와 죄인의 친구로다 하니 지혜는 그 [1]행한 일로 인하여 옳
다 함을 얻느니라

회개하지 아니하는 도시들

20 예수께서 권능을 가장 많이 행하신 고을들이 회개하지 아니하므로 그 때
에 책망하시되
21 화 있을진저 고라신아 화 있을진저 벳새다야 너희에게 행한 모든 권능을
두로와 시돈에서 행하였더라면 그들이 벌써 베옷을 입고 재에 앉아 회개
하였으리라
22 내가 너희에게 이르노니 심판 날에 두로와 시돈이 너희보다 견디기 쉬우
리라
23 가버나움아 네가 하늘에까지 높아지겠느냐 음부에까지 낮아지리라 네게
행한 모든 권능을 소돔에서 행하였더라면 그 성이 오늘까지 있었으리라
24 내가 너희에게 이르노니 심판 날에 소돔 땅이 너보다 견디기 쉬우리라 하
시니라

1 어떤 사본에, 자녀들로

19

회개하지 아니하는 도시들

20

21

22

23

24

짐 진 자들아 내게로 오라

25 그 때에 예수께서 대답하여 이르시되 천지의 주재이신 아버지여 이것을
지혜롭고 슬기 있는 자들에게는 숨기시고 어린 아이들에게는 나타내심을
감사하나이다
26 옳소이다 이렇게 된 것이 아버지의 뜻이니이다
27 내 아버지께서 모든 것을 내게 주셨으니 아버지 외에는 아들을 아는 자가
없고 아들과 또 아들의 소원대로 계시를 받는 자 외에는 아버지를 아는
자가 없느니라
28 수고하고 무거운 짐 진 자들아 다 내게로 오라 내가 너희를 쉬게 하리라
29 나는 마음이 온유하고 겸손하니 나의 멍에를 메고 내게 배우라 그리하면
너희 마음이 쉼을 얻으리니
30 이는 내 멍에는 쉽고 내 짐은 가벼움이라 하시니라

마태복음으로 드리는 기도 하나님, 주님이 맡기신 일에 충성하기 원합니다.
연약한 인간이지만 주님의 능력과 일하심을 기대하며,
묵묵히 제자의 길을 걷게 하소서.

DATE . . .

짐 진 자들아 내게로 오라

25

26

27

28

29

30

말씀 적용하기

제12장

안식일과 귀신 축출에 관련된 예수님의 사역과 선포는
당시의 종교지도자인 바리새인과 충돌을 일으켰습니다.

안식일에 밀 이삭을 자르다

1 그 때에 예수께서 안식일에 밀밭 사이로 가실새 제자들이 시장하여 이삭
을 잘라 먹으니
2 바리새인들이 보고 예수께 말하되 보시오 당신의 제자들이 안식일에 하
지 못할 일을 하나이다
3 예수께서 이르시되 [ㄱ]다윗이 자기와 그 함께 한 자들이 시장할 때에 한
일을 읽지 못하였느냐
4 그가 하나님의 전에 들어가서 제사장 외에는 자기나 그 함께 한 자들이
먹어서는 안 되는 진설병을 먹지 아니하였느냐
5 [ㄴ]또 안식일에 제사장들이 성전 안에서 안식을 범하여도 죄가 없음을 너
희가 율법에서 읽지 못하였느냐
6 내가 너희에게 이르노니 성전보다 더 큰 이가 여기 있느니라
7 [ㄷ]나는 자비를 원하고 제사를 원하지 아니하노라 하신 뜻을 너희가 알았
더라면 무죄한 자를 정죄하지 아니하였으리라

ㄱ 삼상 21:6

ㄴ 민 28:9,10

ㄷ 호 6:6

DATE . . .

안식일에 밀 이삭을 자르다

1

2

3

4

5

6

7

8 인자는 안식일의 주인이니라 하시니라

안식일에 손 마른 사람을 고치시다

9 거기에서 떠나 그들의 회당에 들어가시니
10 한쪽 손 마른 사람이 있는지라 사람들이 예수를 고발하려 하여 물어 이르
되 안식일에 병 고치는 것이 옳으니이까
11 예수께서 이르시되 너희 중에 어떤 사람이 양 한 마리가 있어 안식일에 구
덩이에 빠졌으면 끌어내지 않겠느냐
12 사람이 양보다 얼마나 더 귀하냐 그러므로 안식일에 선을 행하는 것이 옳
으니라 하시고
13 이에 그 사람에게 이르시되 손을 내밀라 하시니 그가 내밀매 다른 손과
같이 회복되어 성하더라
14 바리새인들이 나가서 어떻게 하여 예수를 죽일까 의논하거늘
15 예수께서 아시고 거기를 떠나가시니 많은 사람이 따르는지라 예수께서
그들의 병을 다 고치시고
16 자기를 나타내지 말라 경고하셨으니
17 이는 선지자 이사야를 통하여 말씀하신 바
18 [ㄱ]보라 내가 택한 종 곧 내 마음에 기뻐하는 바 내가 사랑하는 자로다 내
가 내 영을 그에게 줄 터이니 그가 심판을 이방에 알게 하리라

ㄱ 사 42:1 이하

DATE . . .

8

안식일에 손 마른 사람을 고치시다

9

10

11

12

13

14

15

16

17

18

19 그는 다투지도 아니하며 들레지도 아니하리니 아무도 길에서 그 소리를
듣지 못하리라
20 상한 갈대를 꺾지 아니하며 [1]꺼져가는 심지를 끄지 아니하기를 심판하여
이길 때까지 하리니
21 또한 이방들이 그의 이름을 바라리라 함을 이루려 하심이니라

예수와 바알세불

22 그 때에 귀신 들려 눈 멀고 말 못하는 사람을 데리고 왔거늘 예수께서 고
쳐 주시매 그 말 못하는 사람이 말하며 보게 된지라
23 무리가 다 놀라 이르되 이는 다윗의 자손이 아니냐 하니
24 바리새인들은 듣고 이르되 이가 귀신의 왕 바알세불을 힘입지 않고는 귀
신을 쫓아내지 못하느니라 하거늘
25 예수께서 그들의 생각을 아시고 이르시되 스스로 분쟁하는 나라마다 황
폐하여질 것이요 스스로 분쟁하는 동네나 집마다 서지 못하리라
26 만일 사탄이 사탄을 쫓아내면 스스로 분쟁하는 것이니 그리하고야 어떻
게 그의 나라가 서겠느냐
27 또 내가 바알세불을 힘입어 귀신을 쫓아내면 너희의 아들들은 누구를 힘
입어 쫓아내느냐 그러므로 그들이 너희의 재판관이 되리라
28 그러나 내가 하나님의 성령을 힘입어 귀신을 쫓아내는 것이면 하나님의
나라가 이미 너희에게 임하였느니라

---

1 또는 연기나는 삼대를

19

20

21

예수와 바알세불

22

23

24

25

26

27

28

29 사람이 먼저 강한 자를 결박하지 않고서야 어떻게 그 강한 자의 집에 들어
가 그 세간을 강탈하겠느냐 결박한 후에야 그 집을 강탈하리라
30 나와 함께 아니하는 자는 나를 반대하는 자요 나와 함께 모으지 아니하
는 자는 헤치는 자니라
31 그러므로 내가 너희에게 이르노니 사람에 대한 모든 죄와 모독은 사하심
을 얻되 성령을 모독하는 것은 사하심을 얻지 못하겠고
32 또 누구든지 말로 인자를 거역하면 사하심을 얻되 누구든지 말로 성령을
거역하면 이 세상과 오는 세상에서도 사하심을 얻지 못하리라
33 나무도 좋고 열매도 좋다 하든지 나무도 좋지 않고 열매도 좋지 않다 하
든지 하라 그 열매로 나무를 아느니라
34 독사의 자식들아 너희는 악하니 어떻게 선한 말을 할 수 있느냐 이는 마
음에 가득한 것을 입으로 말함이라
35 선한 사람은 그 쌓은 선에서 선한 것을 내고 악한 사람은 그 쌓은 악에서
악한 것을 내느니라
36 내가 너희에게 이르노니 사람이 무슨 무익한 말을 하든지 심판 날에 이에
대하여 심문을 받으리니
37 네 말로 의롭다 함을 받고 네 말로 정죄함을 받으리라

악한 세대가 표적을 구하나

38 그 때에 서기관과 바리새인 중 몇 사람이 말하되 선생님이여 우리에게 표
적 보여주시기를 원하나이다

DATE . . .

29

30

31

32

33

34

35

36

37

악한 세대가 표적을 구하나

38

39 예수께서 대답하여 이르시되 악하고 음란한 세대가 표적을 구하나 선지
자 요나의 표적 밖에는 보일 표적이 없느니라
40 요나가 밤낮 사흘 동안 큰 물고기 뱃속에 있었던 것 같이 인자도 밤낮 사
흘 동안 땅 속에 있으리라
41 심판 때에 니느웨 사람들이 일어나 이 세대 사람을 정죄하리니 이는 그들
이 요나의 전도를 듣고 회개하였음이거니와 요나보다 더 큰 이가 여기 있
으며
42 심판 때에 남방 여왕이 일어나 이 세대 사람을 정죄하리니 이는 그가 솔
로몬의 지혜로운 말을 들으려고 땅 끝에서 왔음이거니와 솔로몬보다 더
큰 이가 여기 있느니라
43 더러운 귀신이 사람에게서 나갔을 때에 물 없는 곳으로 다니며 쉬기를 구
하되 쉴 곳을 얻지 못하고
44 이에 이르되 내가 나온 내 집으로 돌아가리라 하고 와 보니 그 집이 비고
청소되고 수리되었거늘
45 이에 가서 저보다 더 악한 귀신 일곱을 데리고 들어가서 거하니 그 사람의
나중 형편이 전보다 더욱 심하게 되느니라 이 악한 세대가 또한 이렇게 되
리라

DATE . . .

39

40

41

42

43

44

45

예수의 어머니와 형제 자매

46 예수께서 무리에게 말씀하실 때에 그의 어머니와 [1]동생들이 예수께 말
하려고 밖에 섰더니
47 한 사람이 예수께 여짜오되 보소서 당신의 어머니와 [1]동생들이 당신께 말
하려고 밖에 서 있나이다 하니
48 말하던 사람에게 대답하여 이르시되 누가 내 어머니이며 내 [1]동생들이냐
하시고
49 손을 내밀어 제자들을 가리켜 이르시되 나의 어머니와 나의 [1]동생들을
보라
50 누구든지 하늘에 계신 내 아버지의 뜻대로 하는 자가 내 형제요 자매요
어머니이니라 하시더라

마태복음으로 드리는 기도 주님, 진정한 믿음을 갖기 원합니다.
주님의 말씀을 진리로 확신하도록 믿음을 주시고,
죄 많은 세상에 오염되어 하나님 말씀을 의심하지 않게 지켜주소서.

---

1 또는 형제들

DATE . . .

예수의 어머니와 형제 자매

46

47

48

49

50

말씀 적용하기

제13장

천국에 대한 일곱 가지 비유와
이러한 비유의 목적을 밝히는 설명이
두 차례에 걸쳐 기록됩니다.

네 가지 땅에 떨어진 씨 비유

1 그 날 예수께서 집에서 나가사 바닷가에 앉으시매

2 큰 무리가 그에게로 모여 들거늘 예수께서 배에 올라가 앉으시고 온 무
리는 해변에 서 있더니

3 예수께서 비유로 여러 가지를 그들에게 말씀하여 이르시되 씨를 뿌리는
자가 뿌리러 나가서

4 뿌릴새 더러는 길 가에 떨어지매 새들이 와서 먹어버렸고

5 더러는 흙이 얕은 돌밭에 떨어지매 흙이 깊지 아니하므로 곧 싹이 나오나

6 해가 돋은 후에 타서 뿌리가 없으므로 말랐고

7 더러는 가시떨기 위에 떨어지매 가시가 자라서 기운을 막았고

8 더러는 좋은 땅에 떨어지매 어떤 것은 백 배, 어떤 것은 육십 배, 어떤 것
은 삼십 배의 결실을 하였느니라

9 귀 있는 자는 들으라 하시니라

DATE . . .

네 가지 땅에 떨어진 씨 비유

1

2

3

4

5

6

7

8

9

비유를 설명하시다

10 제자들이 예수께 나아와 이르되 어찌하여 그들에게 비유로 말씀하시나
이까
11 대답하여 이르시되 천국의 비밀을 아는 것이 너희에게는 허락되었으나 그
들에게는 아니되었나니
12 무릇 있는 자는 받아 넉넉하게 되되 없는 자는 그 있는 것도 빼앗기리라
13 그러므로 내가 그들에게 비유로 말하는 것은 그들이 보아도 보지 못하며
들어도 듣지 못하며 깨닫지 못함이니라
14 이사야의 예언이 그들에게 이루어졌으니 일렀으되 [ㄱ] 너희가 듣기는 들어
도 깨닫지 못할 것이요 보기는 보아도 알지 못하리라
15 이 백성들의 마음이 완악하여져서 그 귀는 듣기에 둔하고 눈은 감았으니
이는 눈으로 보고 귀로 듣고 마음으로 깨달아 돌이켜 내게 고침을 받을
까 두려워함이라 하였느니라
16 그러나 너희 눈은 봄으로, 너희 귀는 들음으로 복이 있도다
17 내가 진실로 너희에게 이르노니 많은 선지자와 의인이 너희가 보는 것들
을 보고자 하여도 보지 못하였고 너희가 듣는 것들을 듣고자 하여도 듣
지 못하였느니라
18 그런즉 씨 뿌리는 비유를 들으라
19 아무나 [1] 천국 말씀을 듣고 깨닫지 못할 때는 악한 자가 와서 그 마음에
뿌려진 것을 빼앗나니 이는 곧 길 가에 뿌려진 자요

---

1 헬, 그 나라의 말씀을

ㄱ 사 6:9,10

DATE . . .

비유를 설명하시다

10

11

12

13

14

15

16

17

18

19

20 돌밭에 뿌려졌다는 것은 말씀을 듣고 즉시 기쁨으로 받되
21 그 속에 뿌리가 없어 잠시 견디다가 말씀으로 말미암아 환난이나 박해가
일어날 때에는 곧 넘어지는 자요
22 가시떨기에 뿌려졌다는 것은 말씀을 들으나 세상의 염려와 재물의 유혹
에 말씀이 막혀 결실하지 못하는 자요
23 좋은 땅에 뿌려졌다는 것은 말씀을 듣고 깨닫는 자니 결실하여 어떤 것
은 백 배, 어떤 것은 육십 배, 어떤 것은 삼십 배가 되느니라 하시더라
24 예수께서 그들 앞에 또 비유를 들어 이르시되 천국은 좋은 씨를 제 밭에
뿌린 사람과 같으니
25 사람들이 잘 때에 그 원수가 와서 곡식 가운데 가라지를 덧뿌리고 갔더니
26 싹이 나고 결실할 때에 가라지도 보이거늘
27 집 주인의 종들이 와서 말하되 주여 밭에 좋은 씨를 뿌리지 아니하였나이
까 그런데 가라지가 어디서 생겼나이까
28 주인이 이르되 원수가 이렇게 하였구나 종들이 말하되 그러면 우리가 가
서 이것을 뽑기를 원하시나이까
29 주인이 이르되 가만 두라 가라지를 뽑다가 곡식까지 뽑을까 염려하노라
30 둘 다 추수 때까지 함께 자라게 두라 추수 때에 내가 추수꾼들에게 말하
기를 가라지는 먼저 거두어 불사르게 단으로 묶고 곡식은 모아 내 곳간
에 넣으라 하리라

DATE . . .

20

21

22

23

24

25

26

27

28

29

30

겨자씨와 누룩 비유

31 또 비유를 들어 이르시되 천국은 마치 사람이 자기 밭에 갖다 심은 겨자
씨 한 알 같으니
32 이는 모든 씨보다 작은 것이로되 자란 후에는 풀보다 커서 나무가 되매
공중의 새들이 와서 그 가지에 깃들이느니라
33 또 비유로 말씀하시되 천국은 마치 여자가 가루 서 말 속에 갖다 넣어 전
부 부풀게 한 누룩과 같으니라

비유로 말씀하신 까닭

34 예수께서 이 모든 것을 무리에게 비유로 말씀하시고 비유가 아니면 아무
것도 말씀하지 아니하셨으니
35 이는 선지자를 통하여 말씀하신 바 [ㄱ]내가 입을 열어 비유로 말하고 창세
부터 감추인 것들을 드러내리라 함을 이루려 하심이라

가라지 비유를 설명하시다

36 이에 예수께서 무리를 떠나사 집에 들어가시니 제자들이 나아와 이르되
밭의 가라지의 비유를 우리에게 설명하여 주소서
37 대답하여 이르시되 좋은 씨를 뿌리는 이는 인자요
38 밭은 세상이요 좋은 씨는 [1]천국의 아들들이요 가라지는 악한 자의 아들
들이요

---

1 헬, 그 나라의
ㄱ 시 78:2

DATE . . .

겨자씨와 누룩 비유

31

32

33

비유로 말씀하신 까닭

34

35

가라지 비유를 설명하시다

36

37

38

39 가라지를 뿌린 원수는 마귀요 추수 때는 세상 끝이요 추수꾼은 천사들
이니
40 그런즉 가라지를 거두어 불에 사르는 것 같이 세상 끝에도 그러하리라
41 인자가 그 천사들을 보내리니 그들이 그 나라에서 모든 넘어지게 하는 것
과 또 불법을 행하는 자들을 거두어 내어
42 풀무 불에 던져 넣으리니 거기서 울며 이를 갈게 되리라
43 그 때에 의인들은 자기 아버지 나라에서 해와 같이 빛나리라 귀 있는 자
는 들으라

세 가지 비유

44 천국은 마치 밭에 감추인 보화와 같으니 사람이 이를 발견한 후 숨겨 두
고 기뻐하며 돌아가서 자기의 소유를 다 팔아 그 밭을 사느니라
45 또 천국은 마치 좋은 진주를 구하는 장사와 같으니
46 극히 값진 진주 하나를 발견하매 가서 자기의 소유를 다 팔아 그 진주를
사느니라
47 또 천국은 마치 바다에 치고 각종 물고기를 모는 그물과 같으니
48 그물에 가득하매 물 가로 끌어 내고 앉아서 좋은 것은 그릇에 담고 못된
것은 내버리느니라
49 세상 끝에도 이러하리라 천사들이 와서 의인 중에서 악인을 갈라 내어
50 풀무 불에 던져 넣으리니 거기서 울며 이를 갈리라

39

40

41

42

43

세 가지 비유

44

45

46

47

48

49

50

새 것과 옛 것

51 이 모든 것을 깨달았느냐 하시니 대답하되 그러하오이다
52 예수께서 이르시되 그러므로 천국의 제자된 서기관마다 마치 새것과 옛
것을 그 곳간에서 내오는 집주인과 같으니라

고향에서 배척을 받으시다

53 예수께서 이 모든 비유를 마치신 후에 그 곳을 떠나서
54 고향으로 돌아가사 그들의 회당에서 가르치시니 그들이 놀라 이르되 이
사람의 이 지혜와 이런 능력이 어디서 났느냐
55 이는 그 목수의 아들이 아니냐 그 어머니는 마리아, 그 형제들은 야고보,
요셉, 시몬, 유다라 하지 않느냐
56 그 누이들은 다 우리와 함께 있지 아니하냐 그런즉 이 사람의 이 모든 것
이 어디서 났느냐 하고
57 [1]예수를 배척한지라 예수께서 그들에게 말씀하시되 선지자가 자기 고향
과 자기 집 외에서는 존경을 받지 않음이 없느니라 하시고
58 그들이 믿지 않음으로 말미암아 거기서 많은 능력을 행하지 아니하시니라

마태복음으로 드리는 기도 하나님, 삶에서 어려움을 잘 이기고
유혹에 단호하게 하소서. 끝까지 견디고 이겨 영원한 천국에서
주님과 함께할 수 있기를 기도합니다. 삶으로 말씀을 증명하는 인생이 되게 하소서.

1 또는 예수로 말미암아 넘어진지라

DATE . . .

새 것과 옛 것

51

52

고향에서 배척을 받으시다

53

54

55

56

57

58

말씀 적용하기

제14장

세례 요한의 죽음 이후
예수님은 오병이어로 오천 명을 먹이시고, 물 위를 걸으시며,
게네사렛에서 병자를 치유하시는 등 초자연적인 이적을 행하십니다.

세례 요한의 죽음

1 그 때에 분봉 왕 헤롯이 예수의 소문을 듣고
2 그 신하들에게 이르되 이는 [1]세례 요한이라 그가 죽은 자 가운데서 살아
났으니 그러므로 이런 능력이 그 속에서 역사하는도다 하더라
3 전에 헤롯이 그 동생 빌립의 아내 헤로디아의 일로 요한을 잡아 결박하여
옥에 가두었으니
4 이는 요한이 헤롯에게 말하되 당신이 그 여자를 차지한 것이 옳지 않다
하였음이라
5 헤롯이 요한을 죽이려 하되 무리가 그를 선지자로 여기므로 그들을 두려
워하더니
6 마침 헤롯의 생일이 되어 헤로디아의 딸이 연석 가운데서 춤을 추어 헤롯
을 기쁘게 하니
7 헤롯이 맹세로 그에게 무엇이든지 달라는 대로 주겠다고 약속하거늘
8 그가 제 어머니의 시킴을 듣고 이르되 [1]세례 요한의 머리를 소반에 얹어
여기서 내게 주소서 하니

---

1 헬, 또는 침례

DATE . . .

세례 요한의 죽음

1

2

3

4

5

6

7

8

9 왕이 근심하나 자기가 맹세한 것과 그 함께 [1]앉은 사람들 때문에 주라
명하고
10 사람을 보내어 옥에서 요한의 목을 베어
11 그 머리를 소반에 얹어서 그 소녀에게 주니 그가 자기 어머니에게로 가져
가니라
12 요한의 제자들이 와서 시체를 가져다가 장사하고 가서 예수께 아뢰니라

오천 명을 먹이시다

13 예수께서 들으시고 배를 타고 떠나사 따로 빈 들에 가시니 무리가 듣고
여러 고을로부터 걸어서 따라간지라
14 예수께서 나오사 큰 무리를 보시고 불쌍히 여기사 그 중에 있는 병자를
고쳐 주시니라
15 저녁이 되매 제자들이 나아와 이르되 이 곳은 빈 들이요 때도 이미 저물었
으니 무리를 보내어 마을에 들어가 먹을 것을 사 먹게 하소서
16 예수께서 이르시되 갈 것 없다 너희가 먹을 것을 주라
17 제자들이 이르되 여기 우리에게 있는 것은 떡 다섯 개와 물고기 두 마리
뿐이니이다
18 이르시되 그것을 내게 가져오라 하시고

---

1 헬, 기대어 누우려니와(유대인이 음식 먹을 때에 가지는 자세)

9

10

11

12

오천 명을 먹이시다

13

14

15

16

17

18

19 무리를 명하여 잔디 위에 [1]앉히시고 떡 다섯 개와 물고기 두 마리를 가지
사 하늘을 우러러 축사하시고 떡을 떼어 제자들에게 주시매 제자들이 무
리에게 주니
20 다 배불리 먹고 남은 조각을 열두 바구니에 차게 거두었으며
21 먹은 사람은 여자와 어린이 외에 오천 명이나 되었더라

물 위로 걸으시다

22 예수께서 즉시 제자들을 재촉하사 자기가 무리를 보내는 동안에 배를 타
고 앞서 건너편으로 가게 하시고
23 무리를 보내신 후에 기도하러 따로 산에 올라가시니라 저물매 거기 혼자
계시더니
24 배가 이미 [2]육지에서 수 리나 떠나서 바람이 거스르므로 물결로 말미암
아 고난을 당하더라
25 밤 사경에 예수께서 바다 위로 걸어서 제자들에게 오시니
26 제자들이 그가 바다 위로 걸어오심을 보고 놀라 유령이라 하며 무서워하
여 소리 지르거늘
27 예수께서 즉시 이르시되 안심하라 나니 두려워하지 말라
28 베드로가 대답하여 이르되 주여 만일 주님이시거든 나를 명하사 물 위로
오라 하소서 하니

---

1 헬, 기대어 누우려니와(유대인이 음식 먹을 때에 가지는 자세)

2 어떤 사본에, 바다 가운데 있어

DATE . . .

19

20

21

물 위로 걸으시다

22

23

24

25

26

27

28

29 오라 하시니 베드로가 배에서 내려 [1]물 위로 걸어서 예수께로 가되
30 바람을 보고 무서워 빠져 가는지라 소리 질러 이르되 주여 나를 구원하
소서 하니
31 예수께서 즉시 손을 내밀어 그를 붙잡으시며 이르시되 믿음이 작은 자여
왜 의심하였느냐 하시고
32 배에 함께 오르매 바람이 그치는지라
33 배에 있는 사람들이 예수께 절하며 이르되 진실로 하나님의 아들이로소
이다 하더라

게네사렛에서 병자들을 고치시다

34 그들이 건너가 게네사렛 땅에 이르니
35 그 곳 사람들이 예수이신 줄을 알고 그 근방에 두루 통지하여 모든 병든
자를 예수께 데리고 와서
36 다만 예수의 옷자락에라도 손을 대게 하시기를 간구하니 손을 대는 자는
다 나음을 얻으니라

마태복음으로 드리는 기도 하나님, 제 생각과 계산으로 주의 일을 하지 않게 하소서. 무엇이든 주님께 가지고 나아갈 때 제게 없는 능력을 체험하게 하소서.

---

1 어떤 사본에, 예수께 가려고 물 위로 걸어가다가

29

30

31

32

33

게네사렛에서 병자들을 고치시다

34

35

36

말씀 적용하기

제15장

예수님은 바리새인과의 논쟁에서 왜곡된 율법을 바르게 해석해 주시며
그들의 위선을 비판하십니다. 그리고 가나안 여인의 믿음을 칭찬하시고,
사천 명을 먹이시는 기적을 행하십니다.

장로들의 전통

1 그 때에 바리새인과 서기관들이 예루살렘으로부터 예수께 나아와 이르되

2 당신의 제자들이 어찌하여 장로들의 전통을 범하나이까 떡 먹을 때에 손을 씻지 아니하나이다

3 대답하여 이르시되 너희는 어찌하여 너희의 전통으로 하나님의 계명을 범하느냐

4 하나님이 이르셨으되 [ㄱ]네 부모를 공경하라 하시고 또 [ㄴ]아버지나 어머니를 비방하는 자는 반드시 죽임을 당하리라 하셨거늘

5 너희는 이르되 누구든지 아버지에게나 어머니에게 말하기를 내가 드려 유익하게 할 것이 하나님께 드림이 되었다고 하기만 하면

6 그 부모를 공경할 것이 없다 하여 너희의 전통으로 하나님의 말씀을 폐하는도다

7 외식하는 자들아 이사야가 너희에 관하여 잘 예언하였도다 일렀으되

ㄱ 출 20:12; 신 5:16

ㄴ 출 21:17; 레 20:9

DATE . . .

장로들의 전통

1

2

3

4

5

6

7

8 ㄱ이 백성이 입술로는 나를 공경하되 마음은 내게서 멀도다
9 사람의 계명으로 교훈을 삼아 가르치니 나를 헛되이 경배하는도다 하였
느니라 하시고
10 무리를 불러 이르시되 듣고 깨달으라
11 입으로 들어가는 것이 사람을 더럽게 하는 것이 아니라 입에서 나오는 그
것이 사람을 더럽게 하는 것이니라
12 이에 제자들이 나아와 이르되 바리새인들이 이 말씀을 듣고 [1]걸림이 된
줄 아시나이까
13 예수께서 대답하여 이르시되 심은 것마다 내 하늘 아버지께서 심으시지
않은 것은 뽑힐 것이니
14 그냥 두라 그들은 맹인이 되어 맹인을 인도하는 자로다 만일 맹인이 맹인
을 인도하면 둘이 다 구덩이에 빠지리라 하시니
15 베드로가 대답하여 이르되 이 비유를 우리에게 설명하여 주옵소서
16 예수께서 이르시되 너희도 아직까지 깨달음이 없느냐
17 입으로 들어가는 모든 것은 배로 들어가서 뒤로 내버려지는 줄 알지 못하
느냐
18 입에서 나오는 것들은 마음에서 나오나니 이것이야말로 사람을 더럽게
하느니라

---

1 또는 실족
ㄱ 사 29:13

DATE . . .

8

9

10

11

12

13

14

15

16

17

18

19 마음에서 나오는 것은 악한 생각과 살인과 간음과 음란과 도둑질과 거짓
증언과 비방이니
20 이런 것들이 사람을 더럽게 하는 것이요 씻지 않은 손으로 먹는 것은 사
람을 더럽게 하지 못하느니라

가나안 여자의 믿음

21 예수께서 거기서 나가사 두로와 시돈 지방으로 들어가시니
22 가나안 여자 하나가 그 지경에서 나와서 소리 질러 이르되 주 다윗의 자
손이여 나를 불쌍히 여기소서 내 딸이 흉악하게 귀신 들렸나이다 하되
23 예수는 한 말씀도 대답하지 아니하시니 제자들이 와서 청하여 말하되 그
여자가 우리 뒤에서 소리를 지르오니 그를 보내소서
24 예수께서 대답하여 이르시되 나는 이스라엘 집의 잃어버린 양 외에는 다
른 데로 보내심을 받지 아니하였노라 하시니
25 여자가 와서 예수께 절하며 이르되 주여 저를 도우소서
26 대답하여 이르시되 자녀의 떡을 취하여 개들에게 던짐이 마땅하지 아니하
니라
27 여자가 이르되 주여 옳소이다마는 개들도 제 주인의 상에서 떨어지는 부
스러기를 먹나이다 하니
28 이에 예수께서 대답하여 이르시되 여자여 네 믿음이 크도다 네 소원대로
되리라 하시니 그 때로부터 그의 딸이 나으니라

DATE . . .

19

20

가나안 여자의 믿음

21

22

23

24

25

26

27

28

많은 사람들을 고치시다

29 예수께서 거기서 떠나사 갈릴리 호숫가에 이르러 산에 올라가 거기 앉으
시니
30 큰 무리가 다리 저는 사람과 장애인과 맹인과 말 못하는 사람과 기타 여
럿을 데리고 와서 예수의 발 앞에 앉히매 고쳐 주시니
31 말 못하는 사람이 말하고 장애인이 온전하게 되고 다리 저는 사람이 걸으
며 맹인이 보는 것을 무리가 보고 놀랍게 여겨 이스라엘의 하나님께 영광
을 돌리니라

사천 명을 먹이시다

32 예수께서 제자들을 불러 이르시되 내가 무리를 불쌍히 여기노라 그들이
나와 함께 있은 지 이미 사흘이매 먹을 것이 없도다 길에서 기진할까 하여
굶겨 보내지 못하겠노라
33 제자들이 이르되 광야에 있어 우리가 어디서 이런 무리가 배부를 만큼 떡
을 얻으리이까
34 예수께서 이르시되 너희에게 떡이 몇 개나 있느냐 이르되 일곱 개와 작은
생선 두어 마리가 있나이다 하거늘
35 예수께서 무리에게 명하사 땅에 [1]앉게 하시고
36 떡 일곱 개와 그 생선을 가지사 축사하시고 떼어 제자들에게 주시니 제자
들이 무리에게 주매

---

1 헬, 기대어 누우려니와(유대인이 음식 먹을 때에 가지는 자세)

많은 사람들을 고치시다

29

30

31

사천 명을 먹이시다

32

33

34

35

36

37 다 배불리 먹고 남은 조각을 일곱 광주리에 차게 거두었으며

38 먹은 자는 여자와 어린이 외에 사천 명이었더라

39 예수께서 무리를 흩어 보내시고 배에 오르사 마가단 지경으로 가시니라

마태복음으로 드리는 기도 하나님, 복음의 본질을 놓치고
비본질적인 것을 붙들고 사는 어리석은 제 모습을 돌아봅니다.
성령께서 깨닫게 하시고, 영원한 것을 붙들게 하소서.

DATE . . .

37

38

39

말씀 적용하기

제16장

예수님은 사두개인과 바리새인들에게 참된 표적,
곧 메시아의 오심으로 도래할 천국을 분별하라고 말씀하십니다.
또 베드로가 신앙고백을 한 후에 자신의 죽음을 예고하십니다.

악한 세대가 표적을 구하나

1 바리새인과 사두개인들이 와서 예수를 시험하여 하늘로부터 오는 [1]표적
보이기를 청하니
2 예수께서 대답하여 이르시되 너희가 저녁에 하늘이 붉으면 날이 좋겠다
하고
3 아침에 하늘이 붉고 흐리면 오늘은 날이 궂겠다 하나니 너희가 날씨는 분
별할 줄 알면서 시대의 [1]표적은 분별할 수 없느냐
4 악하고 음란한 세대가 [1]표적을 구하나 요나의 [1]표적 밖에는 보여 줄 [1]표
적이 없느니라 하시고 그들을 떠나 가시니라

바리새인과 사두개인들의 누룩

5 제자들이 건너편으로 갈새 떡 가져가기를 잊었더니
6 예수께서 이르시되 삼가 바리새인과 사두개인들의 누룩을 주의하라 하
시니

1 또는 이적

DATE . . .

악한 세대가 표적을 구하나

1

2

3

4

바리새인과 사두개인들의 누룩

5

6

7 제자들이 서로 논의하여 이르되 [1]우리가 떡을 가져오지 아니하였도다 하
거늘
8 예수께서 아시고 이르시되 믿음이 작은 자들아 어찌 떡이 없으므로 서로
논의하느냐
9 너희가 아직도 깨닫지 못하느냐 떡 다섯 개로 오천 명을 먹이고 주운 것
이 몇 바구니며
10 떡 일곱 개로 사천 명을 먹이고 주운 것이 몇 광주리였는지를 기억하지 못
하느냐
11 어찌 내 말한 것이 떡에 관함이 아닌 줄을 깨닫지 못하느냐 오직 바리새
인과 사두개인들의 누룩을 주의하라 하시니
12 그제서야 제자들이 떡의 누룩이 아니요 바리새인과 사두개인들의 교훈
을 삼가라고 말씀하신 줄을 깨달으니라

베드로가 예수를 그리스도로 고백하다

13 예수께서 빌립보 가이사랴 지방에 이르러 제자들에게 물어 이르시되 사
람들이 인자를 누구라 하느냐
14 이르되 더러는 [2]세례 요한, 더러는 엘리야, 어떤 이는 예레미야나 선지자
중의 하나라 하나이다
15 이르시되 너희는 나를 누구라 하느냐

---

1 또는 이는 우리가 떡을 가져오지 아니하였음이로다
2 헬, 또는 침례

DATE . . .

7

8

9

10

11

12

베드로가 예수를 그리스도로 고백하다

13

14

15

16 시몬 베드로가 대답하여 이르되 [1]주는 그리스도시요 살아 계신 하나님의
아들이시니이다
17 예수께서 대답하여 이르시되 바요나 시몬아 네가 복이 있도다 이를 네게
알게 한 이는 혈육이 아니요 하늘에 계신 내 아버지시니라
18 또 내가 네게 이르노니 너는 [2]베드로라 내가 이 반석 위에 내 교회를 세
우리니 음부의 [3]권세가 이기지 못하리라
19 내가 천국 열쇠를 네게 주리니 네가 땅에서 무엇이든지 매면 하늘에서도
매일 것이요 네가 땅에서 무엇이든지 풀면 하늘에서도 풀리리라 하시고
20 이에 제자들에게 경고하사 자기가 그리스도인 것을 아무에게도 이르지
말라 하시니라

죽음과 부활을 처음으로 이르시다

21 이 때로부터 예수 그리스도께서 자기가 예루살렘에 올라가 장로들과 대
제사장들과 서기관들에게 많은 고난을 받고 죽임을 당하고 제삼일에 살
아나야 할 것을 제자들에게 비로소 나타내시니
22 베드로가 예수를 붙들고 항변하여 이르되 주여 그리 마옵소서 이 일이 결
코 [4]주께 미치지 아니하리이다

---

1 헬, 당신은
2 베드로는 곧 반석이란 뜻
3 헬, 대문이
4 헬, 당신께

16

17

18

19

20

죽음과 부활을 처음으로 이르시다

21

22

23 예수께서 돌이키시며 베드로에게 이르시되 사탄아 내 뒤로 물러 가라 너
는 나를 넘어지게 하는 자로다 네가 하나님의 일을 생각하지 아니하고 도
리어 사람의 일을 생각하는도다 하시고
24 이에 예수께서 제자들에게 이르시되 누구든지 나를 따라오려거든 자기
를 부인하고 자기 십자가를 지고 나를 따를 것이니라
25 누구든지 제 목숨을 구원하고자 하면 잃을 것이요 누구든지 나를 위하여
제 목숨을 잃으면 찾으리라
26 사람이 만일 온 천하를 얻고도 제 목숨을 잃으면 무엇이 유익하리요 사람
이 무엇을 주고 제 목숨과 바꾸겠느냐
27 인자가 아버지의 영광으로 그 천사들과 함께 오리니 그 때에 각 사람이
행한 대로 갚으리라
28 진실로 너희에게 이르노니 여기 서 있는 사람 중에 죽기 전에 인자가 그
왕권을 가지고 오는 것을 볼 자들도 있느니라

마태복음으로 드리는 기도 하나님, 제 생각과 기대대로가 아니라
주님이 원하시는 삶을 살기 원합니다.
저를 가르치고 깨우쳐주시어, 사탄의 하수인이 아니라 참 제자의 삶을 살게 하소서.

DATE . . .

23

24

25

26

27

28

말씀 적용하기

제17장

변화산 사건은 예수님이 메시아이심을 계시합니다.
예수님은 치유와 믿음의 관계, 성전세 납부에 대한 문제 등을 설명하시며,
십자가 수난에 대한 2차 예고를 하십니다.

영광스러운 모습으로 변형되시다

1 엿새 후에 예수께서 베드로와 야고보와 그 형제 요한을 데리시고 따로
높은 산에 올라가셨더니
2 그들 앞에서 변형되사 그 얼굴이 해 같이 빛나며 옷이 빛과 같이 희어졌
더라
3 그 때에 모세와 엘리야가 예수와 더불어 말하는 것이 그들에게 보이거늘
4 베드로가 예수께 여쭈어 이르되 주여 우리가 여기 있는 것이 좋사오니 만
일 주께서 원하시면 내가 여기서 초막 셋을 짓되 하나는 주님을 위하여,
하나는 모세를 위하여, 하나는 엘리야를 위하여 하리이다
5 말할 때에 홀연히 빛난 구름이 그들을 덮으며 구름 속에서 소리가 나서
이르시되 이는 내 사랑하는 아들이요 내 기뻐하는 자니 너희는 그의 말을
들으라 하시는지라
6 제자들이 듣고 엎드려 심히 두려워하니
7 예수께서 나아와 그들에게 손을 대시며 이르시되 일어나라 두려워하지
말라 하시니
8 제자들이 눈을 들고 보매 오직 예수 외에는 아무도 보이지 아니하더라

DATE . . .

영광스러운 모습으로 변형되시다

1

2

3

4

5

6

7

8

9 그들이 산에서 내려올 때에 예수께서 명하여 이르시되 인자가 죽은 자 가
운데서 살아나기 전에는 본 것을 아무에게도 이르지 말라 하시니
10 제자들이 물어 이르되 그러면 어찌하여 서기관들이 엘리야가 먼저 와야
하리라 하나이까
11 예수께서 대답하여 이르시되 엘리야가 과연 먼저 와서 모든 일을 회복하
리라
12 내가 너희에게 말하노니 엘리야가 이미 왔으되 사람들이 알지 못하고 임
의로 대우하였도다 인자도 이와 같이 그들에게 고난을 받으리라 하시니
13 그제서야 제자들이 예수께서 말씀하신 것이 [1]세례 요한인 줄을 깨달으
니라

귀신 들린 아이를 고치시다

14 그들이 무리에게 이르매 한 사람이 예수께 와서 꿇어 엎드려 이르되
15 주여 내 아들을 불쌍히 여기소서 그가 간질로 심히 고생하여 자주 불에도
넘어지며 물에도 넘어지는지라
16 내가 주의 제자들에게 데리고 왔으나 능히 고치지 못하더이다
17 예수께서 대답하여 이르시되 믿음이 없고 패역한 세대여 내가 얼마나 너
희와 함께 있으며 얼마나 너희에게 참으리요 그를 이리로 데려오라 하시
니라
18 이에 예수께서 꾸짖으시니 귀신이 나가고 아이가 그 때부터 나으니라

---

1 헬, 또는 침례

9

10

11

12

13

귀신 들린 아이를 고치시다

14

15

16

17

18

19 이 때에 제자들이 조용히 예수께 나아와 이르되 우리는 어찌하여 쫓아내
지 못하였나이까
20 이르시되 너희 믿음이 작은 까닭이니라 진실로 너희에게 이르노니 만일
너희에게 믿음이 겨자씨 한 알 만큼만 있어도 이 산을 명하여 여기서 저기
로 옮겨지라 하면 옮겨질 것이요 또 너희가 못할 것이 없으리라
21 [1](없음)

죽음과 부활을 다시 이르시다

22 갈릴리에 모일 때에 예수께서 제자들에게 이르시되 인자가 장차 사람들
의 손에 넘겨져
23 죽임을 당하고 제삼일에 살아나리라 하시니 제자들이 매우 근심하더라

성전세를 내시다

24 가버나움에 이르니 [2]반 세겔 받는 자들이 베드로에게 나아와 이르되 너
의 선생은 반 세겔을 내지 아니하느냐
25 이르되 내신다 하고 집에 들어가니 예수께서 먼저 이르시되 시몬아 네 생
각은 어떠하냐 세상 임금들이 누구에게 관세와 국세를 받느냐 자기 아들
에게냐 타인에게냐
26 베드로가 이르되 타인에게니이다 예수께서 이르시되 그렇다면 아들들은
세를 면하리라

---

1 어떤 사본에, 21절 '기도와 금식이 아니면 이런 유가 나가지 아니하느니라'가 있음
2 반 세겔은 성전세로 바치는 금액

19

20

21

죽음과 부활을 다시 이르시다

22

23

성전세를 내시다

24

25

26

27 그러나 우리가 그들이 실족하지 않게 하기 위하여 네가 바다에 가서 낚시
를 던져 먼저 오르는 고기를 가져 입을 열면 돈 한 세겔을 얻을 것이니 가
져다가 나와 너를 위하여 주라 하시니라

마태복음으로 드리는 기도 하나님, 제자들과 사람들을 배려하신 예수님처럼 저도 제 의견만 주장하지 않고 다른 이를 포용하는 성숙한 그리스도인이 되게 하소서. 그러나 비진리에는 단호하게 하소서.

DATE . . .

27

말씀 적용하기

제18장

예수님은 임박한 죽음을 앞두고 제자들의 주의를 환기시키며,
겸손과 용서를 통한 천국 시민의 자질을 가르치십니다.

천국에서 큰 사람

1 그 때에 제자들이 예수께 나아와 이르되 천국에서는 누가 크니이까

2 예수께서 한 어린 아이를 불러 그들 가운데 세우시고

3 이르시되 진실로 너희에게 이르노니 너희가 돌이켜 어린 아이들과 같이
되지 아니하면 결단코 천국에 들어가지 못하리라

4 그러므로 누구든지 이 어린 아이와 같이 자기를 낮추는 사람이 천국에서
큰 자니라

5 또 누구든지 내 이름으로 이런 어린 아이 하나를 영접하면 곧 나를 영접함
이니

6 누구든지 나를 믿는 이 작은 자 중 하나를 실족하게 하면 차라리 연자 맷
돌이 그 목에 달려서 깊은 바다에 빠뜨려지는 것이 나으니라

7 실족하게 하는 일들이 있음으로 말미암아 세상에 화가 있도다 실족하게
하는 일이 없을 수는 없으나 실족하게 하는 그 사람에게는 화가 있도다

DATE . . .

천국에서 큰 사람

1

2

3

4

5

6

7

8 만일 네 손이나 네 발이 너를 [1]범죄하게 하거든 찍어 내버리라 장애인이
나 다리 저는 자로 [2]영생에 들어가는 것이 두 손과 두 발을 가지고 영원
한 불에 던져지는 것보다 나으니라
9 만일 네 눈이 너를 [1]범죄하게 하거든 빼어 내버리라 한 눈으로 영생에 들
어가는 것이 두 눈을 가지고 지옥 불에 던져지는 것보다 나으니라
10 삼가 이 작은 자 중의 하나도 업신여기지 말라 너희에게 말하노니 그들의
천사들이 하늘에서 하늘에 계신 내 아버지의 얼굴을 항상 뵈옵느니라
11 [3](없음)
12 너희 생각에는 어떠하냐 만일 어떤 사람이 양 백 마리가 있는데 그 중의
하나가 길을 잃었으면 그 아흔아홉 마리를 산에 두고 가서 길 잃은 양을
찾지 않겠느냐
13 진실로 너희에게 이르노니 만일 찾으면 길을 잃지 아니한 아흔아홉 마리
보다 이것을 더 기뻐하리라
14 이와 같이 이 작은 자 중의 하나라도 잃는 것은 하늘에 계신 너희 아버지
의 뜻이 아니니라

형제가 죄를 범하거든

15 네 형제가 [4]죄를 범하거든 가서 너와 그 사람과만 상대하여 권고하라 만
일 들으면 네가 네 형제를 얻은 것이요

---

1 또는 실족

2 헬, 생명에

3 어떤 사본에, 11절 '인자가 온 것은 잃은 자를 구원하려 함이니라'가 있음

4 어떤 사본에, 네게 죄를

8

9

10

11

12

13

14

형제가 죄를 범하거든

15

16 만일 듣지 않거든 한두 사람을 데리고 가서 두세 증인의 입으로 말마다
확증하게 하라
17 만일 그들의 말도 듣지 않거든 교회에 말하고 교회의 말도 듣지 않거든
이방인과 세리와 같이 여기라
18 진실로 너희에게 이르노니 무엇이든지 너희가 땅에서 매면 하늘에서도 매
일 것이요 무엇이든지 땅에서 풀면 하늘에서도 풀리리라
19 진실로 다시 너희에게 이르노니 너희 중의 두 사람이 땅에서 합심하여 무
엇이든지 구하면 하늘에 계신 내 아버지께서 그들을 위하여 이루게 하시
리라
20 두세 사람이 내 이름으로 모인 곳에는 나도 그들 중에 있느니라

용서할 줄 모르는 종 비유

21 그 때에 베드로가 나아와 이르되 주여 형제가 내게 죄를 범하면 몇 번이
나 용서하여 주리이까 일곱 번까지 하오리이까
22 예수께서 이르시되 네게 이르노니 일곱 번뿐 아니라 일곱 번을 일흔 번까
지라도 할지니라
23 그러므로 천국은 그 종들과 결산하려 하던 어떤 임금과 같으니
24 결산할 때에 만 [1]달란트 빚진 자 하나를 데려오매
25 갚을 것이 없는지라 주인이 명하여 그 몸과 아내와 자식들과 모든 소유
를 다 팔아 갚게 하라 하니

1 금은의 중량

16

17

18

19

20

용서할 줄 모르는 종 비유

21

22

23

24

25

26 그 종이 엎드려 절하며 이르되 내게 참으소서 다 갚으리이다 하거늘

27 그 종의 주인이 불쌍히 여겨 놓아 보내며 그 빚을 탕감하여 주었더니

28 그 종이 나가서 자기에게 백 [1] 데나리온 빚진 동료 한 사람을 만나 붙들어 목을 잡고 이르되 빚을 갚으라 하매

29 그 동료가 엎드려 간구하여 이르되 나에게 참아 주소서 갚으리이다 하되

30 허락하지 아니하고 이에 가서 그가 빚을 갚도록 옥에 가두거늘

31 그 동료들이 그것을 보고 몹시 딱하게 여겨 주인에게 가서 그 일을 다 알리니

32 이에 주인이 그를 불러다가 말하되 악한 종아 네가 빌기에 내가 네 빚을 전부 탕감하여 주었거늘

33 내가 너를 불쌍히 여김과 같이 너도 네 동료를 불쌍히 여김이 마땅하지 아니하냐 하고

34 주인이 노하여 그 빚을 다 갚도록 그를 옥졸들에게 넘기니라

35 너희가 각각 마음으로부터 형제를 용서하지 아니하면 나의 하늘 아버지께서도 너희에게 이와 같이 하시리라

마태복음으로 드리는 기도 하나님, 연약한 자를 넘어지게 하는 일에 연관되지 않게 하소서. 주님이 주신 몸으로 다른 사람을 세우게 하소서.

---

1 은전의 명칭

DATE . . .

26

27

28

29

30

31

32

33

34

35

말씀 적용하기

제19장

예수님이 결혼제도의 신성함을 말씀하십니다.
또 구원이 소유의 많고 적음에 좌우되지 않음을 교훈하십니다.

이혼에 대하여 가르치시다

1 예수께서 이 말씀을 마치시고 갈릴리를 떠나 요단 강 건너 유대 지경에 이
르시니
2 큰 무리가 따르거늘 예수께서 거기서 그들의 병을 고치시더라
3 바리새인들이 예수께 나아와 그를 시험하여 이르되 사람이 어떤 이유가
있으면 그 아내를 버리는 것이 옳으니이까
4 예수께서 대답하여 이르시되 사람을 지으신 이가 본래 그들을 남자와 여
자로 지으시고
5 말씀하시기를 [ㄱ]그러므로 사람이 그 부모를 떠나서 아내에게 합하여 그
둘이 한 몸이 될지니라 하신 것을 읽지 못하였느냐
6 그런즉 이제 둘이 아니요 한 몸이니 그러므로 하나님이 짝지어 주신 것을
사람이 나누지 못할지니라 하시니
7 여짜오되 그러면 어찌하여 [ㄴ]모세는 이혼 증서를 주어서 버리라 명하였나
이까

ㄱ 창 2:24

ㄴ 신 24:1-4

DATE . . .

이혼에 대하여 가르치시다

1

2

3

4

5

6

7

8 예수께서 이르시되 모세가 너희 마음의 완악함 때문에 아내 버림을 허락
하였거니와 본래는 그렇지 아니하니라
9 내가 너희에게 말하노니 누구든지 음행한 이유 외에 아내를 버리고 다른
데 장가 드는 자는 간음함이니라
10 제자들이 이르되 만일 사람이 아내에게 이같이 할진대 장가 들지 않는 것
이 좋겠나이다
11 예수께서 이르시되 사람마다 이 말을 받지 못하고 오직 타고난 자라야
할지니라
12 어머니의 태로부터 된 고자도 있고 사람이 만든 고자도 있고 천국을 위하
여 스스로 된 고자도 있도다 이 말을 받을 만한 자는 받을지어다

어린 아이들에게 안수하시다

13 그 때에 사람들이 예수께서 안수하고 기도해 주심을 바라고 어린 아이들
을 데리고 오매 제자들이 꾸짖거늘
14 예수께서 이르시되 어린 아이들을 용납하고 내게 오는 것을 금하지 말라
천국이 이런 사람의 것이니라 하시고
15 그들에게 안수하시고 거기를 떠나시니라

재물이 많은 청년

16 어떤 사람이 주께 와서 이르되 선생님이여 내가 무슨 선한 일을 하여야 영
생을 얻으리이까

DATE . . .

8

9

10

11

12

어린 아이들에게 안수하시다

13

14

15

재물이 많은 청년

16

17 예수께서 이르시되 어찌하여 선한 일을 내게 묻느냐 선한 이는 오직 한
분이시니라 네가 생명에 들어 가려면 계명들을 지키라
18 이르되 어느 계명이오니이까 예수께서 이르시되 ㄱ살인하지 말라, 간음하
지 말라, 도둑질하지 말라, 거짓 증언 하지 말라,
19 네 부모를 공경하라, ㄴ네 이웃을 네 자신과 같이 사랑하라 하신 것이니라
20 그 청년이 이르되 이 모든 것을 내가 지키었사온대 아직도 무엇이 부족하
니이까
21 예수께서 이르시되 네가 온전하고자 할진대 가서 네 소유를 팔아 가난한
자들에게 주라 그리하면 하늘에서 보화가 네게 있으리라 그리고 와서 나
를 따르라 하시니
22 그 청년이 재물이 많으므로 이 말씀을 듣고 근심하며 가니라
23 예수께서 제자들에게 이르시되 내가 진실로 너희에게 이르노니 부자는
천국에 들어가기가 어려우니라
24 다시 너희에게 말하노니 낙타가 바늘귀로 들어가는 것이 부자가 하나님
의 나라에 들어가는 것보다 쉬우니라 하시니
25 제자들이 듣고 몹시 놀라 이르되 그렇다면 누가 구원을 얻을 수 있으리
이까
26 예수께서 그들을 보시며 이르시되 사람으로는 할 수 없으나 하나님으로
서는 다 하실 수 있느니라

ㄱ 출 20:12-16; 신 5:16-20

ㄴ 레 19:18

DATE . . .

17

18

19

20

21

22

23

24

25

26

27 이에 베드로가 대답하여 이르되 보소서 우리가 모든 것을 버리고 주를
따랐사온대 그런즉 우리가 무엇을 얻으리이까
28 예수께서 이르시되 내가 진실로 너희에게 이르노니 세상이 새롭게 되어
인자가 자기 영광의 보좌에 앉을 때에 나를 따르는 너희도 열두 보좌에
앉아 이스라엘 열두 지파를 심판하리라
29 또 내 이름을 위하여 집이나 형제나 자매나 [1]부모나 자식이나 전토를 버
린 자마다 여러 배를 받고 또 영생을 상속하리라
30 그러나 먼저 된 자로서 나중 되고 나중 된 자로서 먼저 될 자가 많으니라

마태복음으로 드리는 기도 주님, 저는 완전한 선을 행할 수 없는 죄인입니다. 날마다 주님의 십자가 공로에 의지하여 살아가게 하소서.

1 어떤 사본에는, '부모나' 아래에 '아내나'가 있음

DATE . . .

27

28

29

30

말씀 적용하기

제20장

예수님은 포도원 품꾼 이야기로 천국을 비유하시고,
수난에 대한 3차 예고를 하십니다.
그러나 제자들은 예수님의 말씀을 이해하지 못합니다.

포도원의 품꾼들

1 천국은 마치 품꾼을 얻어 포도원에 들여보내려고 이른 아침에 나간 집 주
인과 같으니
2 그가 하루 한 [1]데나리온씩 품꾼들과 약속하여 포도원에 들여보내고
3 또 [2]제삼시에 나가 보니 장터에 놀고 서 있는 사람들이 또 있는지라
4 그들에게 이르되 너희도 포도원에 들어가라 내가 너희에게 상당하게 주
리라 하니 그들이 가고
5 [3]제육시와 [4]제구시에 또 나가 그와 같이 하고
6 [5]제십일시에도 나가 보니 서 있는 사람들이 또 있는지라 이르되 너희는
어찌하여 종일토록 놀고 여기 서 있느냐
7 이르되 우리를 품꾼으로 쓰는 이가 없음이니이다 이르되 너희도 포도원
에 들어가라 하니라

---

1 은전의 명칭
2 오전 아홉시
3 정오 열두시
4 오후 세시
5 오후 다섯시

DATE . . .

포도원의 품꾼들

1

2

3

4

5

6

7

8 저물매 포도원 주인이 청지기에게 이르되 품꾼들을 불러 나중 온 자로부
터 시작하여 먼저 온 자까지 삯을 주라 하니
9 제십일시에 온 자들이 와서 한 [1]데나리온씩을 받거늘
10 먼저 온 자들이 와서 더 받을 줄 알았더니 그들도 한 [1]데나리온씩 받은
지라
11 받은 후 집 주인을 원망하여 이르되
12 나중 온 이 사람들은 한 시간밖에 일하지 아니하였거늘 그들을 종일 수고
하며 더위를 견딘 우리와 같게 하였나이다
13 주인이 그 중의 한 사람에게 대답하여 이르되 친구여 내가 네게 잘못한
것이 없노라 네가 나와 한 [1]데나리온의 약속을 하지 아니하였느냐
14 네 것이나 가지고 가라 나중 온 이 사람에게 너와 같이 주는 것이 내 뜻이
니라
15 내 것을 가지고 내 뜻대로 할 것이 아니냐 내가 선하므로 네가 악하게 보
느냐
16 이와 같이 나중 된 자로서 먼저 되고 먼저 된 자로서 나중 되리라

죽음과 부활을 세 번째로 이르시다

17 예수께서 예루살렘으로 올라가려 하실 때에 열두 제자를 따로 데리시고
길에서 이르시되

---

1 은전의 명칭

DATE . . .

8

9

10

11

12

13

14

15

16

죽음과 부활을 세 번째로 이르시다

17

18 보라 우리가 예루살렘으로 올라가노니 인자가 대제사장들과 서기관들에
게 넘겨지매 그들이 죽이기로 결의하고
19 이방인들에게 넘겨 주어 그를 조롱하며 채찍질하며 십자가에 못 박게 할
것이나 제삼일에 살아나리라

한 어머니의 요구

20 그 때에 세베대의 아들의 어머니가 그 아들들을 데리고 예수께 와서 절
하며 무엇을 구하니
21 예수께서 이르시되 무엇을 원하느냐 이르되 나의 이 두 아들을 주의 나
라에서 하나는 주의 우편에, 하나는 주의 좌편에 앉게 명하소서
22 예수께서 대답하여 이르시되 너희는 너희가 구하는 것을 알지 못하는도
다 내가 마시려는 잔을 너희가 마실 수 있느냐 그들이 말하되 할 수 있나
이다
23 이르시되 너희가 과연 내 잔을 마시려니와 내 좌우편에 앉는 것은 내가
주는 것이 아니라 내 아버지께서 누구를 위하여 예비하셨든지 그들이 얻
을 것이니라
24 열 제자가 듣고 그 두 형제에 대하여 분히 여기거늘
25 예수께서 제자들을 불러다가 이르시되 이방인의 집권자들이 그들을
임의로 주관하고 그 고관들이 그들에게 권세를 부리는 줄을 너희가
알거니와

18

19

한 어머니의 요구

20

21

22

23

24

25

26 너희 중에는 그렇지 않아야 하나니 너희 중에 누구든지 크고자 하는 자
는 너희를 섬기는 자가 되고
27 너희 중에 누구든지 으뜸이 되고자 하는 자는 너희의 종이 되어야 하리라
28 인자가 온 것은 섬김을 받으려 함이 아니라 도리어 섬기려 하고 자기 목숨
을 많은 사람의 대속물로 주려 함이니라

맹인 두 사람을 고치시다

29 그들이 여리고에서 떠나 갈 때에 큰 무리가 예수를 따르더라
30 맹인 두 사람이 길 가에 앉았다가 예수께서 지나가신다 함을 듣고 소리
질러 이르되 주여 우리를 불쌍히 여기소서 다윗의 자손이여 하니
31 무리가 꾸짖어 잠잠하라 하되 더욱 소리 질러 이르되 주여 우리를 불쌍히
여기소서 다윗의 자손이여 하는지라
32 예수께서 머물러 서서 그들을 불러 이르시되 너희에게 무엇을 하여 주기
를 원하느냐
33 이르되 주여 우리의 눈 뜨기를 원하나이다
34 예수께서 불쌍히 여기사 그들의 눈을 만지시니 곧 보게 되어 그들이 예수
를 따르니라

마태복음으로 드리는 기도 하나님, 행한 것보다 더 후히 주시는
하나님의 은혜에 감사드립니다.
주신 은혜에 만족하며, 어떤 헌신도 남과 비교하지 않게 하소서.

26

27

28

맹인 두 사람을 고치시다

29

30

31

32

33

34

말씀 적용하기

제21장

예수님이 예루살렘에 입성하십니다.
입성 후 예수님은 가장 먼저 성전을 깨끗하게 하십니다.
예수님의 권위에 대해 대적들이 논박하기 시작합니다.

예루살렘에 들어가시다

1 그들이 예루살렘에 가까이 가서 감람 산 벳바게에 이르렀을 때에 예수께
서 두 제자를 보내시며
2 이르시되 너희는 맞은편 마을로 가라 그리하면 곧 매인 나귀와 나귀 새끼
가 함께 있는 것을 보리니 풀어 내게로 끌고 오라
3 만일 누가 무슨 말을 하거든 주가 쓰시겠다 하라 [1]그리하면 즉시 보내리
라 하시니
4 이는 선지자를 통하여 하신 말씀을 이루려 하심이라 일렀으되
5 [ㄱ]시온 딸에게 이르기를 네 왕이 네게 임하나니 그는 겸손하여 나귀, 곧
멍에 메는 짐승의 새끼를 탔도다 하라 하였느니라
6 제자들이 가서 예수께서 명하신 대로 하여
7 나귀와 나귀 새끼를 끌고 와서 자기들의 겉옷을 그 위에 얹으매 예수께
서 그 위에 타시니
8 무리의 대다수는 그들의 겉옷을 길에 펴고 다른 이들은 나뭇가지를 베어
길에 펴고

---

1 또는 즉시 돌려 보내리라 하라 하시니
ㄱ 사62:11; 슥9:9

DATE . . .

예루살렘에 들어가시다

1

2

3

4

5

6

7

8

9 앞에서 가고 뒤에서 따르는 무리가 소리 높여 이르되 호산나 다윗의 자
손이여 찬송하리로다 주의 이름으로 오시는 이여 가장 높은 곳에서 호산
나 하더라
10 예수께서 예루살렘에 들어가시니 온 성이 소동하여 이르되 이는 누구냐
하거늘
11 무리가 이르되 갈릴리 나사렛에서 나온 선지자 예수라 하니라

성전을 깨끗하게 하시다

12 예수께서 성전에 들어가사 성전 안에서 매매하는 모든 사람들을 내쫓으
시며 돈 바꾸는 사람들의 상과 비둘기 파는 사람들의 의자를 둘러 엎으
시고
13 그들에게 이르시되 기록된 바 ㄱ내 집은 기도하는 집이라 일컬음을 받으
리라 하였거늘 너희는 ㄴ강도의 소굴을 만드는도다 하시니라
14 맹인과 저는 자들이 성전에서 예수께 나아오매 고쳐주시니
15 대제사장들과 서기관들이 예수께서 하시는 이상한 일과 또 성전에서 소
리 질러 호산나 다윗의 자손이여 하는 어린이들을 보고 노하여
16 예수께 말하되 그들이 하는 말을 듣느냐 예수께서 이르시되 ㄷ그렇다 어
린 아기와 젖먹이들의 입에서 나오는 찬미를 온전하게 하셨나이다 함을
너희가 읽어 본 일이 없느냐 하시고

ㄱ 사56:7

ㄴ 렘7:11

ㄷ 시8:2

9

10

11

성전을 깨끗하게 하시다

12

13

14

15

16

17 그들을 떠나 성 밖으로 베다니에 가서 거기서 유하시니라

무화과나무가 마르다

18 이른 아침에 성으로 들어오실 때에 시장하신지라
19 길 가에서 한 무화과나무를 보시고 그리로 가사 잎사귀 밖에 아무 것도
찾지 못하시고 나무에게 이르시되 이제부터 영원토록 네가 열매를 맺지
못하리라 하시니 무화과나무가 곧 마른지라
20 제자들이 보고 이상히 여겨 이르되 무화과나무가 어찌하여 곧 말랐
나이까
21 예수께서 대답하여 이르시되 내가 진실로 너희에게 이르노니 만일 너희가
믿음이 있고 의심하지 아니하면 이 무화과나무에게 된 이런 일만 할 뿐 아
니라 이 산더러 들려 바다에 던져지라 하여도 될 것이요
22 너희가 기도할 때에 무엇이든지 믿고 구하는 것은 다 받으리라 하시니라

예수의 권위를 두고 말하다

23 예수께서 성전에 들어가 가르치실새 대제사장들과 백성의 장로들이 나
아와 이르되 네가 무슨 권위로 이런 일을 하느냐 또 누가 이 권위를 주
었느냐
24 예수께서 대답하시되 나도 한 말을 너희에게 물으리니 너희가 대답하면
나도 무슨 권위로 이런 일을 하는지 이르리라

17

무화과나무가 마르다

18

19

20

21

22

예수의 권위를 두고 말하다

23

24

25 요한의 [1]세례가 어디로부터 왔느냐 하늘로부터냐 사람으로부터냐 그들
이 서로 의논하여 이르되 만일 하늘로부터라 하면 어찌하여 그를 믿지 아
니하였느냐 할 것이요
26 만일 사람으로부터라 하면 모든 사람이 요한을 선지자로 여기니 백성이
무섭다 하여
27 예수께 대답하여 이르되 우리가 알지 못하노라 하니 예수께서 이르시되
나도 무슨 권위로 이런 일을 하는지 너희에게 이르지 아니하리라
28 그러나 너희 생각에는 어떠하냐 어떤 사람에게 두 아들이 있는데 맏아들
에게 가서 이르되 얘 오늘 포도원에 가서 일하라 하니
29 대답하여 이르되 아버지 가겠나이다 하더니 가지 아니하고
30 둘째 아들에게 가서 또 그와 같이 말하니 대답하여 이르되 싫소이다 하였
다가 그 후에 뉘우치고 갔으니
31 그 둘 중의 누가 아버지의 뜻대로 하였느냐 이르되 둘째 아들이니이다
예수께서 그들에게 이르시되 내가 진실로 너희에게 이르노니 세리들과
창녀들이 너희보다 먼저 하나님의 나라에 들어가리라
32 요한이 의의 도로 너희에게 왔거늘 너희는 그를 믿지 아니하였으되 세
리와 창녀는 믿었으며 너희는 이것을 보고도 끝내 뉘우쳐 믿지 아니하
였도다

---

1 헬, 또는 침례

DATE . . .

25

26

27

28

29

30

31

32

포도원 농부 비유

33 다른 한 비유를 들으라 한 집 주인이 포도원을 만들어 산울타리로 두르
고 거기에 즙 짜는 틀을 만들고 망대를 짓고 농부들에게 세로 주고 타국
에 갔더니
34 열매 거둘 때가 가까우매 그 열매를 받으려고 자기 종들을 농부들에게
보내니
35 농부들이 종들을 잡아 하나는 심히 때리고 하나는 죽이고 하나는 돌로
쳤거늘
36 다시 다른 종들을 처음보다 많이 보내니 그들에게도 그렇게 하였는지라
37 후에 자기 아들을 보내며 이르되 그들이 내 아들은 존대하리라 하였더니
38 농부들이 그 아들을 보고 서로 말하되 이는 상속자니 자 죽이고 그의 유
산을 차지하자 하고
39 이에 잡아 포도원 밖에 내쫓아 죽였느니라
40 그러면 포도원 주인이 올 때에 그 농부들을 어떻게 하겠느냐
41 그들이 말하되 그 악한 자들을 진멸하고 포도원은 제 때에 열매를 바칠
만한 다른 농부들에게 세로 줄지니이다
42 예수께서 이르시되 너희가 성경에 [ㄱ] 건축자들이 버린 돌이 모퉁이의 머릿
돌이 되었나니 이것은 주로 말미암아 된 것이요 우리 눈에 기이하도다 함
을 읽어 본 일이 없느냐

ㄱ 시 118:22 이하

포도원 농부 비유

33

34

35

36

37

38

39

40

41

42

43 그러므로 내가 너희에게 이르노니 하나님의 나라를 너희는 빼앗기고 그
나라의 열매 맺는 백성이 받으리라
44 이 돌 위에 떨어지는 자는 깨지겠고 이 돌이 사람 위에 떨어지면 그를 가
루로 만들어 흩으리라 하시니
45 대제사장들과 바리새인들이 예수의 비유를 듣고 자기들을 가리켜 말씀
하심인 줄 알고
46 잡고자 하나 무리를 무서워하니 이는 그들이 예수를 선지자로 앎이었
더라

마태복음으로 드리는 기도 하나님, 주님의 겸손하고 초라한 입성을 보며
제 갈 길을 깨닫습니다.
성공하려 하기보다는 하나님나라를 위해 섬기고 헌신하게 하소서.

DATE . . .

43

44

45

46

말씀 적용하기

제22장

혼인잔치 비유는 지속적으로 하나님나라를 거부해 온
유대 민족의 역사와 당시 유대인에 대한 경고를 담고 있습니다.

혼인 잔치 비유

1 예수께서 다시 비유로 대답하여 이르시되

2 천국은 마치 자기 아들을 위하여 혼인 잔치를 베푼 어떤 임금과 같으니

3 그 종들을 보내어 그 청한 사람들을 혼인 잔치에 오라 하였더니 오기를
싫어하거늘

4 다시 다른 종들을 보내며 이르되 청한 사람들에게 이르기를 내가 오찬을
준비하되 나의 소와 살진 짐승을 잡고 모든 것을 갖추었으니 혼인 잔치에
오소서 하라 하였더니

5 그들이 돌아 보지도 않고 한 사람은 자기 밭으로, 한 사람은 자기 사업하
러 가고

6 그 남은 자들은 종들을 잡아 모욕하고 죽이니

7 임금이 노하여 군대를 보내어 그 살인한 자들을 진멸하고 그 동네를 불
사르고

8 이에 종들에게 이르되 혼인 잔치는 준비되었으나 청한 사람들은 합당하
지 아니하니

9 네거리 길에 가서 사람을 만나는 대로 혼인 잔치에 청하여 오라 한대

DATE . . .

혼인 잔치 비유

1

2

3

4

5

6

7

8

9

10 종들이 길에 나가 악한 자나 선한 자나 만나는 대로 모두 데려오니 혼인
잔치에 손님들이 가득한지라
11 임금이 손님들을 보러 들어올새 거기서 예복을 입지 않은 한 사람을
보고
12 이르되 친구여 어찌하여 예복을 입지 않고 여기 들어왔느냐 하니 그가 아
무 말도 못하거늘
13 임금이 사환들에게 말하되 그 손발을 묶어 바깥 어두운 데에 내던지라
거기서 슬피 울며 이를 갈게 되리라 하니라
14 청함을 받은 자는 많되 택함을 입은 자는 적으니라

가이사에게 세금을 바치는 것

15 이에 바리새인들이 가서 어떻게 하면 예수를 말의 올무에 걸리게 할까 상
의하고
16 자기 제자들을 헤롯 당원들과 함께 예수께 보내어 말하되 선생님이여 우
리가 아노니 당신은 참되시고 진리로 하나님의 도를 가르치시며 아무도
꺼리는 일이 없으시니 이는 사람을 외모로 보지 아니하심이니이다
17 그러면 당신의 생각에는 어떠한지 우리에게 이르소서 가이사에게 세금을
바치는 것이 옳으니이까 옳지 아니하니이까 하니
18 예수께서 그들의 악함을 아시고 이르시되 외식하는 자들아 어찌하여 나
를 시험하느냐

DATE . . .

10

11

12

13

14

가이사에게 세금을 바치는 것

15

16

17

18

19 세금 낼 돈을 내게 보이라 하시니 [1]데나리온 하나를 가져왔거늘
20 예수께서 말씀하시되 이 형상과 이 글이 누구의 것이냐
21 이르되 가이사의 것이니이다 이에 이르시되 그런즉 가이사의 것은 가이사
에게, 하나님의 것은 하나님께 바치라 하시니
22 그들이 이 말씀을 듣고 놀랍게 여겨 예수를 떠나가니라

부활 논쟁

23 부활이 없다 하는 사두개인들이 그 날 예수께 와서 물어 이르되
24 선생님이여 모세가 일렀으되 [ㄱ]사람이 만일 자식이 없이 죽으면 그 동
생이 그 아내에게 장가 들어 형을 위하여 상속자를 세울지니라 하였나
이다
25 우리 중에 칠 형제가 있었는데 맏이가 장가 들었다가 죽어 상속자가 없으
므로 그 아내를 그 동생에게 물려 주고
26 그 둘째와 셋째로 일곱째까지 그렇게 하다가
27 최후에 그 여자도 죽었나이다
28 그런즉 그들이 다 그를 취하였으니 부활 때에 일곱 중의 누구의 아내가
되리이까
29 예수께서 대답하여 이르시되 너희가 성경도, 하나님의 능력도 알지 못하
는 고로 오해하였도다

---

1 은전의 명칭

ㄱ 신 25:5

DATE . . .

19

20

21

22

부활 논쟁

23

24

25

26

27

28

29

30 부활 때에는 장가도 아니 가고 시집도 아니 가고 하늘에 있는 천사들과
같으니라
31 죽은 자의 부활을 논할진대 하나님이 너희에게 말씀하신 바
32 [ㄱ]나는 아브라함의 하나님이요 이삭의 하나님이요 야곱의 하나님이로라
하신 것을 읽어 보지 못하였느냐 하나님은 죽은 자의 하나님이 아니요 살
아 있는 자의 하나님이시니라 하시니
33 무리가 듣고 그의 가르치심에 놀라더라

가장 큰 계명

34 예수께서 사두개인들로 대답할 수 없게 하셨다 함을 바리새인들이 듣고
모였는데
35 그 중의 한 율법사가 예수를 시험하여 묻되
36 선생님 율법 중에서 어느 계명이 크니이까
37 예수께서 이르시되 [ㄴ]네 마음을 다하고 목숨을 다하고 뜻을 다하여 주
너의 하나님을 사랑하라 하셨으니
38 이것이 크고 첫째 되는 계명이요
39 둘째도 그와 같으니 [ㄷ]네 이웃을 네 자신 같이 사랑하라 하셨으니
40 이 두 계명이 온 율법과 선지자의 강령이니라

ㄱ 출 3:6
ㄴ 신 6:5
ㄷ 레 19:18

DATE . . .

30

31

32

33

가장 큰 계명

34

35

36

37

38

39

40

그리스도와 다윗의 자손

41 바리새인들이 모였을 때에 예수께서 그들에게 물으시되
42 너희는 그리스도에 대하여 어떻게 생각하느냐 누구의 자손이냐 대답하
되 다윗의 자손이니이다
43 이르시되 그러면 다윗이 성령에 감동되어 어찌 그리스도를 주라 칭하여
말하되
44 ㄱ주께서 내 주께 이르시되 내가 네 원수를 네 발 아래에 둘 때까지 내
우편에 앉아 있으라 하셨도다 하였느냐
45 다윗이 그리스도를 주라 칭하였은즉 어찌 그의 자손이 되겠느냐 하시니
46 한 마디도 능히 대답하는 자가 없고 그 날부터 감히 그에게 묻는 자도 없
더라

마태복음으로 드리는 기도 하나님, 날마다 하나님의 크신 사랑을 더욱 깨닫게 하시고,
전인격을 다하여 하나님을 사랑하게 하소서.
그 사랑이 이웃에게도 자연스럽게 흘러가게 하소서.

ㄱ 시 110:1

DATE . . .

그리스도와 다윗의 자손

41

42

43

44

45

46

말씀 적용하기

제23장

예수님은 서기관과 바리새인들의 그릇된 신앙 행태와 위선을
일곱 가지 죄로 지적하시며, 그들에 대한 심판을 선포하십니다.

서기관들과 바리새인들을 꾸짖으시다

1 이에 예수께서 무리와 제자들에게 말씀하여 이르시되

2 서기관들과 바리새인들이 모세의 자리에 앉았으니

3 그러므로 무엇이든지 그들이 말하는 바는 행하고 지키되 그들이 하는 행
위는 본받지 말라 그들은 말만 하고 행하지 아니하며

4 또 무거운 짐을 묶어 사람의 어깨에 지우되 자기는 이것을 한 손가락으
로도 움직이려 하지 아니하며

5 그들의 모든 행위를 사람에게 보이고자 하나니 곧 그 경문 띠를 넓게 하
며 옷술을 길게 하고

6 잔치의 윗자리와 회당의 높은 자리와

7 시장에서 문안 받는 것과 사람에게 랍비라 칭함을 받는 것을 좋아하
느니라

8 그러나 너희는 랍비라 칭함을 받지 말라 너희 선생은 하나요 너희는 다
형제니라

9 땅에 있는 자를 아버지라 하지 말라 너희의 아버지는 한 분이시니 곧 하
늘에 계신 이시니라

DATE . . .

서기관들과 바리새인들을 꾸짖으시다

1

2

3

4

5

6

7

8

9

10 또한 지도자라 칭함을 받지 말라 너희의 지도자는 한 분이시니 곧 그리스
도시니라
11 너희 중에 큰 자는 너희를 섬기는 자가 되어야 하리라
12 누구든지 자기를 높이는 자는 낮아지고 누구든지 자기를 낮추는 자는 높
아지리라
13 화 있을진저 외식하는 서기관들과 바리새인들이여 너희는 천국 문을 사
람들 앞에서 닫고 너희도 들어가지 않고 들어가려 하는 자도 들어가지 못
하게 하는도다
14 [1](없음)
15 화 있을진저 외식하는 서기관들과 바리새인들이여 너희는 교인 한 사람
을 얻기 위하여 바다와 육지를 두루 다니다가 생기면 너희보다 배나 더
지옥 자식이 되게 하는도다
16 화 있을진저 눈 먼 인도자여 너희가 말하되 누구든지 성전으로 맹세하면
아무 일 없거니와 성전의 금으로 맹세하면 지킬지라 하는도다
17 어리석은 맹인들이여 어느 것이 크냐 그 금이냐 그 금을 거룩하게 하는 성
전이냐
18 너희가 또 이르되 누구든지 제단으로 맹세하면 아무 일 없거니와 그 위에
있는 예물로 맹세하면 지킬지라 하는도다
19 맹인들이여 어느 것이 크냐 그 예물이냐 그 예물을 거룩하게 하는 제단
이냐

1 어떤 사본에, 14절에 막 12:40과 눅 20:47과 유사한 구절이 있음

DATE . . .

10

11
12

13

14
15

16

17

18

19

20 그러므로 제단으로 맹세하는 자는 제단과 그 위에 있는 모든 것으로 맹
세함이요
21 또 성전으로 맹세하는 자는 성전과 그 안에 계신 이로 맹세함이요
22 또 하늘로 맹세하는 자는 하나님의 보좌와 그 위에 앉으신 이로 맹세함
이니라
23 화 있을진저 외식하는 서기관들과 바리새인들이여 너희가 박하와 회향과
근채의 십일조는 드리되 율법의 더 중한 바 정의와 긍휼과 믿음은 버렸도
다 그러나 이것도 행하고 저것도 버리지 말아야 할지니라
24 맹인 된 인도자여 하루살이는 걸러 내고 낙타는 삼키는도다
25 화 있을진저 외식하는 서기관들과 바리새인들이여 잔과 대접의 겉은 깨
끗이 하되 그 안에는 탐욕과 방탕으로 가득하게 하는도다
26 눈 먼 바리새인이여 너는 먼저 안을 깨끗이 하라 그리하면 겉도 깨끗하
리라
27 화 있을진저 외식하는 서기관들과 바리새인들이여 회칠한 무덤 같으니 겉
으로는 아름답게 보이나 그 안에는 죽은 사람의 뼈와 모든 더러운 것이
가득하도다
28 이와 같이 너희도 겉으로는 사람에게 옳게 보이되 안으로는 외식과 불법
이 가득하도다
29 화 있을진저 외식하는 서기관들과 바리새인들이여 너희는 선지자들의 무
덤을 만들고 의인들의 비석을 꾸미며 이르되

DATE . . .

20

21

22

23

24

25

26

27

28

29

30 만일 우리가 조상 때에 있었더라면 우리는 그들이 선지자의 피를 흘리는
데 참여하지 아니하였으리라 하니
31 그러면 너희가 선지자를 죽인 자의 자손임을 스스로 증명함이로다
32 너희가 너희 조상의 분량을 채우라
33 뱀들아 독사의 새끼들아 너희가 어떻게 지옥의 판결을 피하겠느냐
34 그러므로 내가 너희에게 선지자들과 지혜 있는 자들과 서기관들을 보내
매 너희가 그 중에서 더러는 죽이거나 십자가에 못 박고 그 중에서 더러
는 너희 회당에서 채찍질하고 이 동네에서 저 동네로 따라다니며 박해하
리라
35 그러므로 의인 아벨의 피로부터 성전과 제단 사이에서 너희가 죽인 바라
갸의 아들 사가랴의 피까지 땅 위에서 흘린 의로운 피가 다 너희에게 돌
아가리라
36 내가 진실로 너희에게 이르노니 이것이 다 이 세대에 돌아가리라

예루살렘을 두고 이르시다

37 예루살렘아 예루살렘아 선지자들을 죽이고 네게 파송된 자들을 돌로 치
는 자여 암탉이 그 새끼를 날개 아래에 모음 같이 내가 네 자녀를 모으려
한 일이 몇 번이더냐 그러나 너희가 원하지 아니하였도다
38 보라 너희 집이 황폐하여 버려진 바 되리라

30

31

32

33

34

35

36

예루살렘을 두고 이르시다

37

38

39 내가 너희에게 이르노니 이제부터 너희는 찬송하리로다 주의 이름으로
오시는 이여 할 때까지 나를 보지 못하리라 하시니라

마태복음으로 드리는 기도 하나님, 제가 자랑하기 위해
신앙적 열심을 낸 적이 있다면 용서해 주소서.
제 모든 것이 주님의 영광만을 위해 쓰이기 원합니다.

DATE . . .

39

말씀 적용하기

제24장

예루살렘의 멸망에 대한 예언으로,
1차적으로는 예루살렘의 멸망을,
궁극적으로는 세상 종말의 상황을 그립니다.

성전이 무너뜨려질 것을 예언하시다

1 예수께서 성전에서 나와서 가실 때에 제자들이 성전 건물들을 가리켜 보
이려고 나아오니
2 대답하여 이르시되 너희가 이 모든 것을 보지 못하느냐 내가 진실로 너희
에게 이르노니 돌 하나도 돌 위에 남지 않고 다 무너뜨려지리라

재난의 징조

3 예수께서 감람 산 위에 앉으셨을 때에 제자들이 조용히 와서 이르되 우
리에게 이르소서 어느 때에 이런 일이 있겠사오며 또 주의 임하심과 세상
끝에는 무슨 징조가 있사오리이까
4 예수께서 대답하여 이르시되 너희가 사람의 미혹을 받지 않도록 주의
하라
5 많은 사람이 내 이름으로 와서 이르되 나는 그리스도라 하여 많은 사람
을 미혹하리라
6 난리와 난리 소문을 듣겠으나 너희는 삼가 두려워하지 말라 이런 일이 있
어야 하되 아직 끝은 아니니라

DATE . . .

성전이 무너뜨려질 것을 예언하시다

1

2

재난의 징조

3

4

5

6

7 민족이 민족을, 나라가 나라를 대적하여 일어나겠고 곳곳에 기근과 지진
이 있으리니
8 이 모든 것은 재난의 시작이니라
9 그 때에 사람들이 너희를 환난에 넘겨 주겠으며 너희를 죽이리니 너희가
내 이름 때문에 모든 민족에게 미움을 받으리라
10 그 때에 많은 사람이 실족하게 되어 서로 잡아 주고 서로 미워하겠으며
11 거짓 선지자가 많이 일어나 많은 사람을 미혹하겠으며
12 불법이 성하므로 많은 사람의 사랑이 식어지리라
13 그러나 끝까지 견디는 자는 구원을 얻으리라
14 이 천국 복음이 모든 민족에게 증언되기 위하여 온 세상에 전파되리니 그
제야 끝이 오리라

가장 큰 환난

15 그러므로 너희가 선지자 다니엘이 말한 바 ㄱ멸망의 가증한 것이 거룩한
곳에 선 것을 보거든 (읽는 자는 깨달을진저)
16 그 때에 유대에 있는 자들은 산으로 도망할지어다
17 지붕 위에 있는 자는 집 안에 있는 물건을 가지러 내려 가지 말며
18 밭에 있는 자는 겉옷을 가지러 뒤로 돌이키지 말지어다
19 그 날에는 아이 밴 자들과 젖 먹이는 자들에게 화가 있으리로다
20 너희가 도망하는 일이 겨울에나 안식일에 되지 않도록 기도하라

ㄱ 단 9:27; 11:31; 12:11

DATE . . .

7

8

9

10

11

12

13

14

가장 큰 환난

15

16

17

18

19

20

21 이는 그 때에 큰 환난이 있겠음이라 창세로부터 지금까지 이런 환난이 없
었고 후에도 없으리라
22 그 날들을 감하지 아니하면 모든 육체가 구원을 얻지 못할 것이나 그러나
택하신 자들을 위하여 그 날들을 감하시리라
23 그 때에 사람이 너희에게 말하되 보라 그리스도가 여기 있다 혹은 저기
있다 하여도 믿지 말라
24 거짓 그리스도들과 거짓 선지자들이 일어나 큰 [1]표적과 기사를 보여 할
수만 있으면 택하신 자들도 미혹하리라
25 보라 내가 너희에게 미리 말하였노라
26 그러면 사람들이 너희에게 말하되 보라 그리스도가 광야에 있다 하여도
나가지 말고 보라 골방에 있다 하여도 믿지 말라
27 번개가 동편에서 나서 서편까지 번쩍임 같이 인자의 임함도 그러하리라
28 주검이 있는 곳에는 독수리들이 모일 것이니라

인자가 오는 것을 보리라

29 그 날 환난 후에 즉시 해가 어두워지며 달이 빛을 내지 아니하며 별들이
하늘에서 떨어지며 하늘의 권능들이 흔들리리라
30 그 때에 인자의 징조가 하늘에서 보이겠고 그 때에 땅의 모든 족속들이
통곡하며 그들이 인자가 구름을 타고 능력과 큰 영광으로 오는 것을 보
리라

1 또는 이적

DATE . . .

21

22

23

24

25

26

27

28

인자가 오는 것을 보리라

29

30

31 그가 큰 나팔소리와 함께 천사들을 보내리니 그들이 그의 택하신 자들을
하늘 이 끝에서 저 끝까지 사방에서 모으리라

무화과나무에서 배울 교훈

32 무화과나무의 비유를 배우라 그 가지가 연하여지고 잎사귀를 내면 여름
이 가까운 줄을 아나니
33 이와 같이 너희도 이 모든 일을 보거든 [1]인자가 가까이 곧 문 앞에 이른
줄 알라
34 내가 진실로 너희에게 말하노니 이 세대가 지나가기 전에 이 일이 다 일어
나리라
35 천지는 없어질지언정 내 말은 없어지지 아니하리라
36 그러나 그 날과 그 때는 아무도 모르나니 하늘의 천사들도, 아들도 모르
고 오직 아버지만 아시느니라
37 노아의 때와 같이 인자의 임함도 그러하리라
38 홍수 전에 노아가 방주에 들어가던 날까지 사람들이 먹고 마시고 장가
들고 시집 가고 있으면서
39 홍수가 나서 그들을 다 멸하기까지 깨닫지 못하였으니 인자의 임함도 이
와 같으리라
40 그 때에 두 사람이 밭에 있으매 한 사람은 데려가고 한 사람은 버려둠을
당할 것이요

---

1 또는 때가

31

무화과나무에서 배울 교훈

32

33

34

35

36

37

38

39

40

41 두 여자가 맷돌질을 하고 있으매 한 사람은 데려가고 한 사람은 버려둠
을 당할 것이니라
42 그러므로 깨어 있으라 어느 날에 너희 주가 임할는지 너희가 알지 못함이
니라
43 너희도 아는 바니 만일 집 주인이 도둑이 어느 시각에 올 줄을 알았더라면
깨어 있어 그 집을 뚫지 못하게 하였으리라
44 이러므로 너희도 준비하고 있으라 생각하지 않은 때에 인자가 오리라
45 충성되고 지혜 있는 종이 되어 주인에게 그 집 사람들을 맡아 때를 따라
양식을 나눠 줄 자가 누구냐
46 주인이 올 때에 그 종이 이렇게 하는 것을 보면 그 종이 복이 있으리로다
47 내가 진실로 너희에게 이르노니 주인이 그의 모든 소유를 그에게 맡기
리라
48 만일 그 악한 종이 마음에 생각하기를 주인이 더디 오리라 하여
49 동료들을 때리며 술친구들과 더불어 먹고 마시게 되면
50 생각하지 않은 날 알지 못하는 시각에 그 종의 주인이 이르러
51 [1]엄히 때리고 외식하는 자가 받는 벌에 처하리니 거기서 슬피 울며 이를
갈리라

마태복음으로 드리는 기도 하나님, 시대를 분별하는 눈을 주소서.
때가 악할수록 더욱 깨어 기도하고, 주님의 재림을 준비하는 신앙생활을 하며,
한 사람에게라도 더 복음을 전하게 하소서.

---

1 헬, 쪼개어 내고

DATE . . .

41

42

43

44

45

46

47

48

49

50

51

말씀 적용하기

제25장

세 가지 비유(열 처녀, 달란트, 양과 염소 비유)는
종말을 대비하는 자의 자세에 초점을 맞추고 있습니다.

열 처녀 비유

1 그 때에 천국은 마치 등을 들고 신랑을 맞으러 나간 열 처녀와 같다 하리니

2 그 중의 다섯은 미련하고 다섯은 슬기 있는 자라

3 미련한 자들은 등을 가지되 기름을 가지지 아니하고

4 슬기 있는 자들은 그릇에 기름을 담아 등과 함께 가져갔더니

5 신랑이 더디 오므로 다 졸며 잘새

6 밤중에 소리가 나되 보라 신랑이로다 맞으러 나오라 하매

7 이에 그 처녀들이 다 일어나 등을 준비할새

8 미련한 자들이 슬기 있는 자들에게 이르되 우리 등불이 꺼져가니 너희 기름을 좀 나눠 달라 하거늘

9 슬기 있는 자들이 대답하여 이르되 우리와 너희가 쓰기에 다 부족할까 하노니 차라리 파는 자들에게 가서 너희 쓸 것을 사라 하니

10 그들이 사러 간 사이에 신랑이 오므로 준비하였던 자들은 함께 혼인 잔치에 들어가고 문은 닫힌지라

11 그 후에 남은 처녀들이 와서 이르되 주여 주여 우리에게 열어 주소서

DATE . . .

열 처녀 비유

1

2

3

4

5

6

7

8

9

10

11

12 대답하여 이르되 진실로 너희에게 이르노니 내가 너희를 알지 못하노라
하였느니라
13 그런즉 깨어 있으라 너희는 그 날과 그 때를 알지 못하느니라

달란트 비유

14 또 어떤 사람이 타국에 갈 때 그 종들을 불러 자기 소유를 맡김과 같으니
15 각각 그 재능대로 한 사람에게는 금 다섯 [1]달란트를, 한 사람에게는 두
[1]달란트를, 한 사람에게는 한 [1]달란트를 주고 떠났더니
16 다섯 [1]달란트 받은 자는 바로 가서 그것으로 장사하여 또 다섯 [1]달란트를
남기고
17 두 [1]달란트 받은 자도 그같이 하여 또 두 [1]달란트를 남겼으되
18 한 [1]달란트 받은 자는 가서 땅을 파고 그 주인의 돈을 감추어 두었더니
19 오랜 후에 그 종들의 주인이 돌아와 그들과 결산할새
20 다섯 [1]달란트 받았던 자는 다섯 [1]달란트를 더 가지고 와서 이르되 주인이
여 내게 다섯 [1]달란트를 주셨는데 보소서 내가 또 다섯 [1]달란트를 남겼나
이다
21 그 주인이 이르되 잘하였도다 착하고 충성된 종아 네가 적은 일에 충성하
였으매 내가 많은 것을 네게 맡기리니 네 주인의 즐거움에 참여할지어다
하고

---

1 금은의 중량

DATE . . .

12

13

달란트 비유

14

15

16

17

18

19

20

21

22 두 [1]달란트 받았던 자도 와서 이르되 주인이여 내게 두 [1]달란트를 주셨는
데 보소서 내가 또 두 [1]달란트를 남겼나이다
23 그 주인이 이르되 잘하였도다 착하고 충성된 종아 네가 적은 일에 충성하
였으매 내가 많은 것을 네게 맡기리니 네 주인의 즐거움에 참여할지어다
하고
24 한 [1]달란트 받았던 자는 와서 이르되 주인이여 당신은 굳은 사람이라 심
지 않은 데서 거두고 헤치지 않은 데서 모으는 줄을 내가 알았으므로
25 두려워하여 나가서 당신의 [1]달란트를 땅에 감추어 두었었나이다 보소서
당신의 것을 가지셨나이다
26 그 주인이 대답하여 이르되 악하고 게으른 종아 나는 심지 않은 데서 거
두고 헤치지 않은 데서 모으는 줄로 네가 알았느냐
27 그러면 네가 마땅히 내 돈을 취리하는 자들에게나 맡겼다가 내가 돌아와
서 내 원금과 이자를 받게 하였을 것이니라 하고
28 그에게서 그 한 [1]달란트를 빼앗아 열 [1]달란트 가진 자에게 주라
29 무릇 있는 자는 받아 풍족하게 되고 없는 자는 그 있는 것까지 빼앗기
리라
30 이 무익한 종을 바깥 어두운 데로 내쫓으라 거기서 슬피 울며 이를 갈리
라 하니라

1 금은의 중량

DATE . . .

22

23

24

25

26

27

28

29

30

인자가 모든 천사와 함께 올 때

31 인자가 자기 영광으로 모든 천사와 함께 올 때에 자기 영광의 보좌에 앉
으리니
32 모든 민족을 그 앞에 모으고 각각 구분하기를 목자가 양과 염소를 구분
하는 것 같이 하여
33 양은 그 오른편에 염소는 왼편에 두리라
34 그 때에 임금이 그 오른편에 있는 자들에게 이르시되 내 아버지께 복
받을 자들이여 나아와 창세로부터 너희를 위하여 예비된 나라를 상속
받으라
35 내가 주릴 때에 너희가 먹을 것을 주었고 목마를 때에 마시게 하였고 나
그네 되었을 때에 영접하였고
36 헐벗었을 때에 옷을 입혔고 병들었을 때에 돌보았고 옥에 갇혔을 때에
와서 보았느니라
37 이에 의인들이 대답하여 이르되 주여 우리가 어느 때에 주께서 주리신 것
을 보고 음식을 대접하였으며 목마르신 것을 보고 마시게 하였나이까
38 어느 때에 나그네 되신 것을 보고 영접하였으며 헐벗으신 것을 보고 옷
입혔나이까
39 어느 때에 병드신 것이나 옥에 갇히신 것을 보고 가서 뵈었나이까 하
리니

인자가 모든 천사와 함께 올 때

31

32

33

34

35

36

37

38

39

40 임금이 대답하여 이르시되 내가 진실로 너희에게 이르노니 너희가 여
기 내 형제 중에 지극히 작은 자 하나에게 한 것이 곧 내게 한 것이니
라 하시고
41 또 왼편에 있는 자들에게 이르시되 저주를 받은 자들아 나를 떠나 마귀
와 그 사자들을 위하여 예비된 영원한 불에 들어가라
42 내가 주릴 때에 너희가 먹을 것을 주지 아니하였고 목마를 때에 마시게
하지 아니하였고
43 나그네 되었을 때에 영접하지 아니하였고 헐벗었을 때에 옷 입히지 아니
하였고 병들었을 때와 옥에 갇혔을 때에 돌보지 아니하였느니라 하시니
44 그들도 대답하여 이르되 주여 우리가 어느 때에 주께서 주리신 것이나 목
마르신 것이나 나그네 되신 것이나 헐벗으신 것이나 병드신 것이나 옥에
갇히신 것을 보고 공양하지 아니하더이까
45 이에 임금이 대답하여 이르시되 내가 진실로 너희에게 이르노니 이 지극
히 작은 자 하나에게 하지 아니한 것이 곧 내게 하지 아니한 것이니라 하
시리니
46 그들은 영벌에, 의인들은 영생에 들어가리라 하시니라

마태복음으로 드리는 기도 하나님, 제게 맡기신 많은 것을 감사하며 사용하게 하소서. 삶에 대한 불만을 버리고, 남과 비교하지 않으며, 주님 앞에서 최선을 다하게 하소서.

DATE . . .

40

41

42

43

44

45

46

말씀 적용하기

제26장

예수님이 체포당하시기 직전에 일어난
마리아의 향유 부음과 가룟 유다의 배반 등 일련의 사건에서부터
체포 후 베드로의 부인까지 구속사적 관점에서 재구성합니다.

예수를 죽이려고 의논하다

1 예수께서 이 말씀을 다 마치시고 제자들에게 이르시되

2 너희가 아는 바와 같이 이틀이 지나면 유월절이라 인자가 십자가에 못 박
히기 위하여 팔리리라 하시더라

3 그 때에 대제사장들과 백성의 장로들이 가야바라 하는 대제사장의 관정
에 모여

4 예수를 흉계로 잡아 죽이려고 의논하되

5 말하기를 민란이 날까 하노니 명절에는 하지 말자 하더라

예수의 머리에 향유를 붓다

6 예수께서 베다니 나병환자 시몬의 집에 계실 때에

7 한 여자가 매우 귀한 향유 한 옥합을 가지고 나아와서 [1]식사하시는 예수
의 머리에 부으니

8 제자들이 보고 분개하여 이르되 무슨 의도로 이것을 허비하느냐

9 이것을 비싼 값에 팔아 가난한 자들에게 줄 수 있었겠도다 하거늘

---

1 헬, 기대어 누우려니와(유대인이 음식 먹을 때에 가지는 자세)

예수를 죽이려고 의논하다

1

2

3

4

5

예수의 머리에 향유를 붓다

6

7

8

9

10 예수께서 아시고 그들에게 이르시되 너희가 어찌하여 이 여자를 괴롭게
하느냐 그가 내게 좋은 일을 하였느니라
11 가난한 자들은 항상 너희와 함께 있거니와 나는 항상 함께 있지 아니하
리라
12 이 여자가 내 몸에 이 향유를 부은 것은 내 장례를 위하여 함이니라
13 내가 진실로 너희에게 이르노니 온 천하에 어디서든지 이 복음이 전파되
는 곳에서는 이 여자가 행한 일도 말하여 그를 기억하리라 하시니라

유다가 배반하다

14 그 때에 열둘 중의 하나인 가룟 유다라 하는 자가 대제사장들에게 가서
말하되
15 내가 예수를 너희에게 넘겨 주리니 얼마나 주려느냐 하니 그들이 은 삼십
을 달아 주거늘
16 그가 그 때부터 예수를 넘겨 줄 기회를 찾더라

마지막 만찬

17 무교절의 첫날에 제자들이 예수께 나아와서 이르되 유월절 음식 잡수실
것을 우리가 어디서 준비하기를 원하시나이까
18 이르시되 성안 아무에게 가서 이르되 선생님 말씀이 내 때가 가까이
왔으니 내 제자들과 함께 유월절을 네 집에서 지키겠다 하시더라 하라
하시니

10

11

12

13

유다가 배반하다

14

15

16

마지막 만찬

17

18

19 제자들이 예수께서 시키신 대로 하여 유월절을 준비하였더라

20 저물 때에 예수께서 열두 제자와 함께 [1]앉으셨더니

21 그들이 먹을 때에 이르시되 내가 진실로 너희에게 이르노니 너희 중의 한
사람이 나를 팔리라 하시니

22 그들이 몹시 근심하여 각각 여짜오되 주여 나는 아니지요

23 대답하여 이르시되 나와 함께 그릇에 손을 넣는 그가 나를 팔리라

24 인자는 자기에 대하여 기록된 대로 가거니와 인자를 파는 그 사람에게는
화가 있으리로다 그 사람은 차라리 태어나지 아니하였더라면 제게 좋을
뻔하였느니라

25 예수를 파는 유다가 대답하여 이르되 랍비여 나는 아니지요 대답하시되
네가 말하였도다 하시니라

26 그들이 먹을 때에 예수께서 떡을 가지사 축복하시고 떼어 제자들에게 주
시며 이르시되 받아서 먹으라 이것은 내 몸이니라 하시고

27 또 잔을 가지사 감사 기도 하시고 그들에게 주시며 이르시되 너희가 다
이것을 마시라

28 이것은 죄 사함을 얻게 하려고 많은 사람을 위하여 흘리는 바 나의 피 곧
언약의 피니라

29 그러나 너희에게 이르노니 내가 포도나무에서 난 것을 이제부터 내 아버
지의 나라에서 새것으로 너희와 함께 마시는 날까지 마시지 아니하리라
하시니라

---

1 헬, 기대어 누우려니와(유대인이 음식 먹을 때에 가지는 자세)

DATE . . .

19

20

21

22

23

24

25

26

27

28

29

30 이에 그들이 찬미하고 감람 산으로 나아가니라

베드로가 부인할 것을 예언하시다

31 그 때에 예수께서 제자들에게 이르시되 오늘 밤에 너희가 다 나를 [1]버리
리라 기록된 바 [ㄱ]내가 목자를 치리니 양의 떼가 흩어지리라 하였느니라
32 그러나 내가 살아난 후에 너희보다 먼저 갈릴리로 가리라
33 베드로가 대답하여 이르되 모두 주를 [2]버릴지라도 나는 결코 [3]버리지 않
겠나이다
34 예수께서 이르시되 내가 진실로 네게 이르노니 오늘 밤 닭 울기 전에 네
가 세 번 나를 부인하리라
35 베드로가 이르되 내가 주와 함께 죽을지언정 주를 부인하지 않겠나이다
하고 모든 제자도 그와 같이 말하니라

겟세마네에서 기도하시다

36 이에 예수께서 제자들과 함께 겟세마네라 하는 곳에 이르러 제자들에게
이르시되 내가 저기 가서 기도할 동안에 너희는 여기 앉아 있으라 하시고
37 베드로와 세베대의 두 아들을 데리고 가실새 고민하고 슬퍼하사

---

1 또는 나를 인하여 실족하리라
2 헬, 주를 인하여 실족할지라도
3 헬, 실족하지 않겠나이다
ㄱ 슥 13:7

30

베드로가 부인할 것을 예언하시다

31

32

33

34

35

겟세마네에서 기도하시다

36

37

38 이에 말씀하시되 내 마음이 매우 고민하여 죽게 되었으니 너희는 여기 머
물러 나와 함께 깨어 있으라 하시고
39 조금 나아가사 얼굴을 땅에 대시고 엎드려 기도하여 이르시되 내 아버지
여 만일 할 만하시거든 이 잔을 내게서 지나가게 하옵소서 그러나 나의 원
대로 마시옵고 아버지의 원대로 하옵소서 하시고
40 제자들에게 오사 그 자는 것을 보시고 베드로에게 말씀하시되 너희가 나
와 함께 한 시간도 이렇게 깨어 있을 수 없더냐
41 시험에 들지 않게 깨어 기도하라 마음에는 원이로되 육신이 약하도다 하
시고
42 다시 두 번째 나아가 기도하여 이르시되 내 아버지여 만일 내가 마시지 않
고는 이 잔이 내게서 지나갈 수 없거든 아버지의 원대로 되기를 원하나이
다 하시고
43 다시 오사 보신즉 그들이 자니 이는 그들의 눈이 피곤함일러라
44 또 그들을 두시고 나아가 세 번째 같은 말씀으로 기도하신 후
45 이에 제자들에게 오사 이르시되 이제는 자고 쉬라 보라 때가 가까이 왔
으니 인자가 죄인의 손에 팔리느니라
46 일어나라 함께 가자 보라 나를 파는 자가 가까이 왔느니라

잡히시다

47 말씀하실 때에 열둘 중의 하나인 유다가 왔는데 대제사장들과 백성의 장
로들에게서 파송된 큰 무리가 칼과 몽치를 가지고 그와 함께 하였더라

DATE . . .

38

39

40

41

42

43

44

45

46

잡히시다

47

48 예수를 파는 자가 그들에게 군호를 짜 이르되 내가 입맞추는 자가 그이
니 그를 잡으라 한지라
49 곧 예수께 나아와 랍비여 안녕하시옵니까 하고 입을 맞추니
50 예수께서 이르시되 친구여 네가 무엇을 하려고 왔는지 행하라 하신대 이
에 그들이 나아와 예수께 손을 대어 잡는지라
51 예수와 함께 있던 자 중의 하나가 손을 펴 칼을 빼어 대제사장의 종을 쳐
그 귀를 떨어뜨리니
52 이에 예수께서 이르시되 네 칼을 도로 칼집에 꽂으라 칼을 가지는 자는
다 칼로 망하느니라
53 너는 내가 내 아버지께 구하여 지금 열두 군단 더 되는 천사를 보내시게
할 수 없는 줄로 아느냐
54 내가 만일 그렇게 하면 이런 일이 있으리라 한 성경이 어떻게 이루어지겠
느냐 하시더라
55 그 때에 예수께서 무리에게 말씀하시되 너희가 강도를 잡는 것 같이 칼
과 몽치를 가지고 나를 잡으러 나왔느냐 내가 날마다 성전에 앉아 가르
쳤으되 너희가 나를 잡지 아니하였도다
56 그러나 이렇게 된 것은 다 선지자들의 글을 이루려 함이니라 하시더라 이
에 제자들이 다 예수를 버리고 도망하니라

DATE . . .

48

49

50

51

52

53

54

55

56

공회 앞에 서시다

57 예수를 잡은 자들이 그를 끌고 대제사장 가야바에게로 가니 거기 서기관
과 장로들이 모여 있더라
58 베드로가 멀찍이 예수를 따라 대제사장의 집 뜰에까지 가서 그 결말을
보려고 안에 들어가 하인들과 함께 앉아 있더라
59 대제사장들과 온 공회가 예수를 죽이려고 그를 칠 거짓 증거를 찾으매
60 거짓 증인이 많이 왔으나 얻지 못하더니 후에 두 사람이 와서
61 이르되 이 사람의 말이 내가 하나님의 성전을 헐고 사흘 동안에 지을 수
있다 하더라 하니
62 대제사장이 일어서서 예수께 묻되 아무 대답도 없느냐 이 사람들이 너를
치는 증거가 어떠하냐 하되
63 예수께서 침묵하시거늘 대제사장이 이르되 내가 너로 살아 계신 하나
님께 맹세하게 하노니 네가 하나님의 아들 그리스도인지 우리에게 말
하라
64 예수께서 이르시되 네가 말하였느니라 그러나 내가 너희에게 이르노니
이 후에 인자가 권능의 우편에 앉아 있는 것과 하늘 구름을 타고 오는 것
을 너희가 보리라 하시니
65 이에 대제사장이 자기 옷을 찢으며 이르되 그가 신성모독 하는 말을 하였
으니 어찌 더 증인을 요구하리요 보라 너희가 지금 이 신성모독 하는 말
을 들었도다

DATE . . .

공회 앞에 서시다

57

58

59

60

61

62

63

64

65

66 너희 생각은 어떠하냐 대답하여 이르되 그는 사형에 해당하니라 하고
67 이에 예수의 얼굴에 침 뱉으며 주먹으로 치고 어떤 사람은 손바닥으로
때리며
68 이르되 그리스도야 우리에게 선지자 노릇을 하라 너를 친 자가 누구냐
하더라

베드로가 예수를 알지 못한다고 하다

69 베드로가 바깥 뜰에 앉았더니 한 여종이 나아와 이르되 너도 갈릴리 사람
예수와 함께 있었도다 하거늘
70 베드로가 모든 사람 앞에서 부인하여 이르되 나는 네가 무슨 말을 하는
지 알지 못하겠노라 하며
71 앞문까지 나아가니 다른 여종이 그를 보고 거기 있는 사람들에게 말하되
이 사람은 나사렛 예수와 함께 있었도다 하매
72 베드로가 맹세하고 또 부인하여 이르되 나는 그 사람을 알지 못하노라
하더라
73 조금 후에 곁에 섰던 사람들이 나아와 베드로에게 이르되 너도 진실로 그
도당이라 네 말소리가 너를 표명한다 하거늘
74 그가 저주하며 맹세하여 이르되 나는 그 사람을 알지 못하노라 하니 곧
닭이 울더라

66

67

68

베드로가 예수를 알지 못한다고 하다

69

70

71

72

73

74

75 이에 베드로가 예수의 말씀에 닭 울기 전에 네가 세 번 나를 부인하리라
하심이 생각나서 밖에 나가서 심히 통곡하니라

마태복음으로 드리는 기도 하나님, 제 열심과 충성을 믿기보다는
하나님의 말씀을 의지하기 원합니다.
언제나 겸손히 주님을 섬기고, 성령님의 도우심을 힘입어 나아가게 하소서.

DATE . . .

75

말씀 적용하기

제27장

예수님의 재판권은 빌라도에게 넘어가고
예수님을 배신한 가룟 유다는 자살합니다.
예수님의 십자가 수난을 상세히 기록합니다.

예수를 빌라도에게 넘기다

1 새벽에 모든 대제사장과 백성의 장로들이 예수를 죽이려고 함께 의논
하고
2 결박하여 끌고 가서 총독 빌라도에게 넘겨 주니라

유다가 목매어 죽다

3 그 때에 예수를 판 유다가 그의 정죄됨을 보고 스스로 뉘우쳐 그 은 삼
십을 대제사장들과 장로들에게 도로 갖다 주며
4 이르되 내가 무죄한 피를 팔고 죄를 범하였도다 하니 그들이 이르되 그것
이 우리에게 무슨 상관이냐 네가 당하라 하거늘
5 유다가 은을 성소에 던져 넣고 물러가서 스스로 목매어 죽은지라
6 대제사장들이 그 은을 거두며 이르되 이것은 핏값이라 성전고에 넣어 둠
이 옳지 않다 하고
7 의논한 후 이것으로 토기장이의 밭을 사서 나그네의 묘지를 삼았으니
8 그러므로 오늘날까지 그 밭을 피밭이라 일컫느니라

DATE . . .

예수를 빌라도에게 넘기다

1

2

유다가 목매어 죽다

3

4

5

6

7

8

9 이에 선지자 예레미야를 통하여 하신 말씀이 이루어졌나니 일렀으되
ㄱ그들이 그 가격 매겨진 자 곧 이스라엘 자손 중에서 가격 매긴 자의 가
격 곧 은 삼십을 가지고
10 토기장이의 밭 값으로 주었으니 이는 주께서 내게 명하신 바와 같으니라
하였더라

십자가에 못 박히게 예수를 넘기다

11 예수께서 총독 앞에 섰으매 총독이 물어 이르되 네가 유대인의 왕이냐
예수께서 대답하시되 네 말이 옳도다 하시고
12 대제사장들과 장로들에게 고발을 당하되 아무 대답도 아니하시는지라
13 이에 빌라도가 이르되 그들이 너를 쳐서 얼마나 많은 것으로 증언하는지
듣지 못하느냐 하되
14 한 마디도 대답하지 아니하시니 총독이 크게 놀라워하더라
15 명절이 되면 총독이 무리의 청원대로 죄수 한 사람을 놓아 주는 전례가
있더니
16 그 때에 바라바라 하는 유명한 죄수가 있는데
17 그들이 모였을 때에 빌라도가 물어 이르되 너희는 내가 누구를 너희에게
놓아 주기를 원하느냐 [1] 바라바냐 그리스도라 하는 예수냐 하니
18 이는 그가 그들의 시기로 예수를 넘겨 준 줄 앎이더라

---

1 어떤 사본에, 바라바라 하는 예수냐

ㄱ 슥 11:12,13

DATE . . .

9

10

십자가에 못 박히게 예수를 넘기다

11

12

13

14

15

16

17

18

19 총독이 재판석에 앉았을 때에 그의 아내가 사람을 보내어 이르되 저 옳
은 사람에게 아무 상관도 하지 마옵소서 오늘 꿈에 내가 그 사람으로 인
하여 애를 많이 태웠나이다 하더라
20 대제사장들과 장로들이 무리를 권하여 바라바를 달라 하게 하고 예수를
죽이자 하게 하였더니
21 총독이 대답하여 이르되 둘 중의 누구를 너희에게 놓아 주기를 원하느냐
이르되 바라바로소이다
22 빌라도가 이르되 그러면 그리스도라 하는 예수를 내가 어떻게 하랴 그들
이 다 이르되 십자가에 못 박혀야 하겠나이다
23 빌라도가 이르되 어찜이냐 무슨 악한 일을 하였느냐 그들이 더욱 소리 질
러 이르되 십자가에 못 박혀야 하겠나이다 하는지라
24 빌라도가 아무 성과도 없이 도리어 민란이 나려는 것을 보고 물을 가져다
가 무리 앞에서 손을 씻으며 이르되 [1]이 사람의 피에 대하여 나는 무죄하
니 너희가 당하라
25 백성이 다 대답하여 이르되 그 피를 우리와 우리 자손에게 돌릴지어다 하
거늘
26 이에 바라바는 그들에게 놓아 주고 예수는 채찍질하고 십자가에 못 박히
게 넘겨 주니라

---

1 어떤 사본에, 이 옳은 사람의

DATE . . .

19

20

21

22

23

24

25

26

군병들이 예수를 희롱하다

27 이에 총독의 군병들이 예수를 데리고 관정 안으로 들어가서 온 군대를
그에게로 모으고
28 그의 옷을 벗기고 홍포를 입히며
29 가시관을 엮어 그 머리에 씌우고 갈대를 그 오른손에 들리고 그 앞에서
무릎을 꿇고 희롱하여 이르되 유대인의 왕이여 평안할지어다 하며
30 그에게 침 뱉고 갈대를 빼앗아 그의 머리를 치더라
31 희롱을 다 한 후 홍포를 벗기고 도로 그의 옷을 입혀 십자가에 못 박으려
고 끌고 나가니라

십자가에 못 박히시다

32 나가다가 시몬이란 구레네 사람을 만나매 그에게 예수의 십자가를 억지
로 지워 가게 하였더라
33 골고다 즉 해골의 곳이라는 곳에 이르러
34 쓸개 탄 포도주를 예수께 주어 마시게 하려 하였더니 예수께서 맛보시고
마시고자 하지 아니하시더라
35 그들이 예수를 십자가에 못 박은 후에 그 옷을 제비 뽑아 나누고
36 거기 앉아 지키더라
37 그 머리 위에 이는 유대인의 왕 예수라 쓴 죄패를 붙였더라
38 이 때에 예수와 함께 강도 둘이 십자가에 못 박히니 하나는 우편에, 하나
는 좌편에 있더라

DATE . . .

군병들이 예수를 희롱하다

27

28

29

30

31

십자가에 못 박히시다

32

33

34

35

36

37

38

39 지나가는 자들은 자기 머리를 흔들며 예수를 모욕하여
40 이르되 성전을 헐고 사흘에 짓는 자여 네가 만일 하나님의 아들이어든 자
기를 구원하고 십자가에서 내려오라 하며
41 그와 같이 대제사장들도 서기관들과 장로들과 함께 희롱하여 이르되
42 그가 남은 구원하였으되 자기는 구원할 수 없도다 그가 이스라엘의 왕이
로다 지금 십자가에서 내려올지어다 그리하면 우리가 믿겠노라
43 그가 하나님을 신뢰하니 하나님이 원하시면 이제 그를 구원하실지라 그
의 말이 나는 하나님의 아들이라 하였도다 하며
44 함께 십자가에 못 박힌 강도들도 이와 같이 욕하더라

영혼이 떠나시다

45 제육시로부터 온 땅에 어둠이 임하여 제구시까지 계속되더니
46 제구시쯤에 예수께서 크게 소리 질러 이르시되 [ㄱ]엘리 엘리 라마 사박다
니 하시니 이는 곧 나의 하나님, 나의 하나님, 어찌하여 나를 버리셨나이
까 하는 뜻이라
47 거기 섰던 자 중 어떤 이들이 듣고 이르되 이 사람이 엘리야를 부른다
하고
48 그 중의 한 사람이 곧 달려가서 해면을 가져다가 신 포도주에 적시어 갈
대에 꿰어 마시게 하거늘

ㄱ 시 22:1

DATE . . .

39

40

41

42

43

44

영혼이 떠나시다

45

46

47

48

49 그 남은 사람들이 이르되 가만 두라 엘리야가 와서 그를 구원하나 보자
하더라[1]
50 예수께서 다시 크게 소리 지르시고 영혼이 떠나시니라
51 이에 성소 휘장이 위로부터 아래까지 찢어져 둘이 되고 땅이 진동하며 바
위가 터지고
52 무덤들이 열리며 자던 성도의 몸이 많이 일어나되
53 예수의 부활 후에 그들이 무덤에서 나와서 거룩한 성에 들어가 많은 사
람에게 보이니라
54 백부장과 및 함께 예수를 지키던 자들이 지진과 그 일어난 일들을 보고
심히 두려워하여 이르되 이는 진실로 하나님의 아들이었도다 하더라
55 예수를 섬기며 갈릴리에서부터 따라온 많은 여자가 거기 있어 멀리서 바
라보고 있으니
56 그 중에는 막달라 마리아와 또 야고보와 요셉의 어머니 마리아와 또 세
베대의 아들들의 어머니도 있더라

요셉이 예수의 시체를 무덤에 넣어 두다

57 저물었을 때에 아리마대의 부자 요셉이라 하는 사람이 왔으니 그도 예수
의 제자라
58 빌라도에게 가서 예수의 시체를 달라 하니 이에 빌라도가 내주라 명령하
거늘

---

1 어떤 사본에, 49절 끝에 요 19:34와 같은 말이 있음

49

50

51

52

53

54

55

56

요셉이 예수의 시체를 무덤에 넣어 두다

57

58

59 요셉이 시체를 가져다가 깨끗한 세마포로 싸서
60 바위 속에 판 자기 새 무덤에 넣어 두고 큰 돌을 굴려 무덤 문에 놓고
가니
61 거기 막달라 마리아와 다른 마리아가 무덤을 향하여 앉았더라

경비병이 무덤을 지키다

62 그 이튿날은 준비일 다음 날이라 대제사장들과 바리새인들이 함께 빌라
도에게 모여 이르되
63 주여 저 속이던 자가 살아 있을 때에 말하되 내가 사흘 후에 다시 살아나
리라 한 것을 우리가 기억하노니
64 그러므로 명령하여 그 무덤을 사흘까지 굳게 지키게 하소서 그의 제자들
이 와서 시체를 도둑질하여 가고 백성에게 말하되 그가 죽은 자 가운데서
살아났다 하면 후의 속임이 전보다 더 클까 하나이다 하니
65 빌라도가 이르되 너희에게 경비병이 있으니 가서 힘대로 굳게 지키라 하
거늘
66 그들이 경비병과 함께 가서 돌을 인봉하고 무덤을 굳게 지키니라

마태복음으로 드리는 기도 주님, 아버지 하나님께 버림받는 고통까지 감수하시며
우리를 위해 십자가를 지신 은혜에 진심으로 감사드립니다.
주님이 치르신 대가가 헛되지 않은 삶을 살게 하소서.

DATE . . .

59

60

61

경비병이 무덤을 지키다

62

63

64

65

66

말씀 적용하기

제28장

안식 후 첫날 예정대로 예수님은 부활하시고,
마지막으로 제자들에게 선교 명령을 내리시며
그들과 함께 있을 것을 약속하십니다.

살아나시다

1 안식일이 다 지나고 [1]안식 후 첫날이 되려는 새벽에 막달라 마리아와 다
른 마리아가 무덤을 보려고 갔더니
2 큰 지진이 나며 주의 천사가 하늘로부터 내려와 돌을 굴려 내고 그 위에
앉았는데
3 그 형상이 번개 같고 그 옷은 눈 같이 희거늘
4 지키던 자들이 그를 무서워하여 떨며 죽은 사람과 같이 되었더라
5 천사가 여자들에게 말하여 이르되 너희는 무서워하지 말라 십자가에 못
박히신 예수를 너희가 찾는 줄을 내가 아노라
6 그가 여기 계시지 않고 그가 말씀 하시던 대로 살아나셨느니라 와서 그가
누우셨던 곳을 보라
7 또 빨리 가서 그의 제자들에게 이르되 그가 죽은 자 가운데서 살아나셨
고 너희보다 먼저 갈릴리로 가시나니 거기서 너희가 뵈오리라 하라 보라
내가 너희에게 일렀느니라 하거늘

---

1 헬, 그 주간의

DATE . . .

살아나시다

1

2

3

4

5

6

7

8 그 여자들이 무서움과 큰 기쁨으로 빨리 무덤을 떠나 제자들에게 알리려
고 달음질할새
9 예수께서 그들을 만나 이르시되 평안하냐 하시거늘 여자들이 나아가 그
발을 붙잡고 경배하니
10 이에 예수께서 이르시되 무서워하지 말라 가서 내 형제들에게 갈릴리로
가라 하라 거기서 나를 보리라 하시니라

경비병의 보고

11 여자들이 갈 때 경비병 중 몇이 성에 들어가 모든 된 일을 대제사장들에
게 알리니
12 그들이 장로들과 함께 모여 의논하고 군인들에게 돈을 많이 주며
13 이르되 너희는 말하기를 그의 제자들이 밤에 와서 우리가 잘 때에 그를
도둑질하여 갔다 하라
14 만일 이 말이 총독에게 들리면 우리가 권하여 너희로 근심하지 않게 하리
라 하니
15 군인들이 돈을 받고 가르친 대로 하였으니 이 말이 오늘날까지 유대인 가
운데 두루 퍼지니라

제자들에게 할 일을 분부하시다

16 열한 제자가 갈릴리에 가서 예수께서 지시하신 산에 이르러
17 예수를 뵈옵고 경배하나 아직도 의심하는 사람들이 있더라

DATE . . .

8

9

10

경비병의 보고

11

12

13

14

15

제자들에게 할 일을 분부하시다

16

17

18 예수께서 나아와 말씀하여 이르시되 하늘과 땅의 모든 권세를 내게 주셨
으니
19 그러므로 너희는 가서 모든 민족을 제자로 삼아 아버지와 아들과 성령의
이름으로 [1]세례를 베풀고
20 내가 너희에게 분부한 모든 것을 가르쳐 지키게 하라 볼지어다 내가 세상
끝날까지 너희와 항상 함께 있으리라 하시니라

마태복음으로 드리는 기도 하나님, 맡겨주신 사명 잘 감당할 수 있도록 함께하시고 능력을 더해 주소서. 담대히 복음을 전하는 부활의 증인으로 살게 하소서.

---

1 헬, 또는 침례

DATE . . .

18

19

20

말씀 적용하기

세움 마태복음을 쓰다(1단)

초판 1쇄 발행 2021년 6월 14일

펴낸이 곽성종
기획편집 방재경
디자인 투에스

펴낸곳 (주)아가페출판사
등록 제21-754호(1995. 4. 12)
주소 (06698) 서울시 서초구 효령로8길 5 (방배동)
전화 584-4835(본사) 522-5148(편집부)
팩스 586-3078(본사) 586-3088(편집부)
홈페이지 www.iagape.co.kr

ISBN 978-89-537-9647-8 (04230)
978-89-537-9642-3 (세트)

아가페 출판사

모든 쓰기성경은
쓰기 전용펜을 사용하세요!

1. 잉크의 뭉침(볼펜 똥)이나 이물질이 없어 깨끗하게 쓸 수 있습니다.
2. 필사한 후에도 책이 전혀 두꺼워지지 않습니다.

일반용

* 신약성경의 예수님 말씀은 빨간색 펜을 사용하세요.

일반 필사&쓰기성경 전용펜 A5(검정/빨강)

가격 : 800원 / 9,600원 (1다스 12개)

중용량

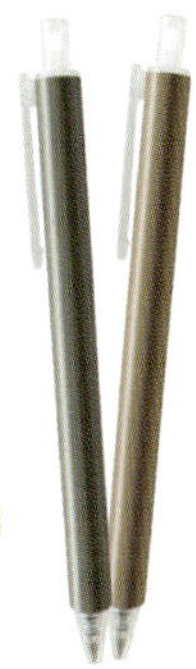

오피스펜 200 PLUS (검정)(그레이/골드)

가격 : 1,500원 / 15,000원 (1박스 10개)

중용량

필사&쓰기 전용펜 (고급)(블랙/투명)

가격 : 1,600원 / 19,200원 (1다스 12개)

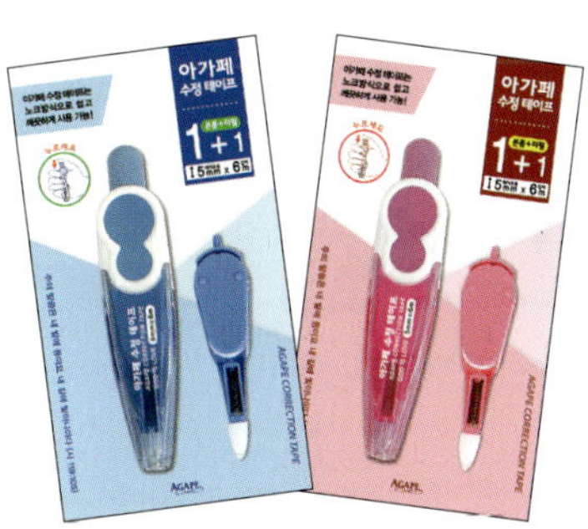

아가페 수정 테이프 (본품+리필)(블루/핑크)

가격 : 3,000원

쓰기성경을 쓰다가 잘못 쓴 글씨는 수정 테이프를 사용하시면 좋습니다.

www.iagape.co.kr 02)584-4669 [주]아가페출판사

본문이 있는 채움 쓰기성경®

스탠다드 중

1. 성경 본문의 **가독성이** 뛰어나고 **1:1**로 맞추어 필사할 수 있는 쓰기성경입니다.
2. 성경 본문이 인쇄되어 있어, **언제 어디서든 필사**가 가능합니다.
3. 180도 **잘 펴지는 특수 제본**으로 편리하게 쓸 수 있습니다.
4. 필기감이 좋고, 비침이 적으며, 잉크가 번지지 않는 **최고급 종이**입니다.

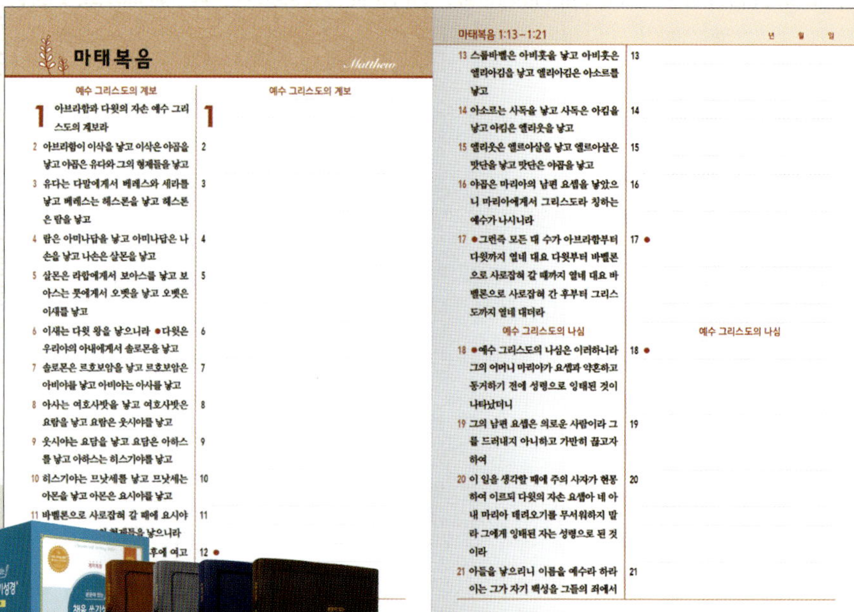

마태복음 *Matthew*

예수 그리스도의 계보

1 아브라함과 다윗의 자손 예수 그리스도의 계보라
2 아브라함이 이삭을 낳고 이삭은 야곱을 낳고 야곱은 유다와 그의 형제들을 낳고
3 유다는 다말에게서 베레스와 세라를 낳고 베레스는 헤스론을 낳고 헤스론은 람을 낳고
4 람은 아미나답을 낳고 아미나답은 나손을 낳고 나손은 살몬을 낳고
5 살몬은 라합에게서 보아스를 낳고 보아스는 룻에게서 오벳을 낳고 오벳은 이새를 낳고
6 이새는 다윗 왕을 낳으니라 ●다윗은 우리야의 아내에게서 솔로몬을 낳고
7 솔로몬은 르호보암을 낳고 르호보암은 아비야를 낳고 아비야는 아사를 낳고
8 아사는 여호사밧을 낳고 여호사밧은 요람을 낳고 요람은 웃시야를 낳고
9 웃시야는 요담을 낳고 요담은 아하스를 낳고 아하스는 히스기야를 낳고
10 히스기야는 므낫세를 낳고 므낫세는 아몬을 낳고 아몬은 요시야를 낳고
11 바벨론으로 사로잡혀 갈 때에 요시야 … 형제들을 낳으니라
12 ● … 후에 여고

마태복음 1:13–1:21 년 월 일

13 스룹바벨은 아비훗을 낳고 아비훗은 엘리아김을 낳고 엘리아김은 아소르를 낳고
14 아소르는 사독을 낳고 사독은 아킴을 낳고 아킴은 엘리웃을 낳고
15 엘리웃은 엘르아살을 낳고 엘르아살은 맛단을 낳고 맛단은 야곱을 낳고
16 야곱은 마리아의 남편 요셉을 낳았으니 마리아에게서 그리스도라 칭하는 예수가 나시니라
17 ●그런즉 모든 대 수가 아브라함부터 다윗까지 열네 대요 다윗부터 바벨론으로 사로잡혀 갈 때까지 열네 대요 바벨론으로 사로잡혀 간 후부터 그리스도까지 열네 대더라

예수 그리스도의 나심

18 ●예수 그리스도의 나심은 이러하니라 그의 어머니 마리아가 요셉과 약혼하고 동거하기 전에 성령으로 잉태된 것이 나타났더니
19 그의 남편 요셉은 의로운 사람이라 그를 드러내지 아니하고 가만히 끊고자 하여
20 이 일을 생각할 때에 주의 사자가 현몽하여 이르되 다윗의 자손 요셉아 네 아내 마리아 데려오기를 무서워하지 말라 그에게 잉태된 자는 성령으로 된 것이라
21 아들을 낳으리니 이름을 예수라 하라 이는 그가 자기 백성을 그들의 죄에서

세트 및 신약 구매 시 **쓰기성경 전용펜** 2종(검정, 빨강)을 증정해 드립니다.

- 세트 정가 (구약+신약) : ~~100,000원~~ → **95,000원**
- 낱권 정가 (구약 ❶, ❷, ❸권, 신약) : 각 권 25,000원